DIE SCHLÖSSER DER LOIRE

sehen & erleben

DIE SCHLÖSSER DER LOIRE

Fotografie: Christoph Seeberger
Text: Hermann Schreiber

Südwest

Inhalt

Bilder aus dem Herzen Frankreichs. Die Fotos auf der Inhaltsseite zeigen im Uhrzeigersinn Schloß Sully-sur-Loire (links), Schloß Villandry, die Loire bei Châteauneuf und ein Säulenkapitell in der Vorhalle der Basilika von St. Benoît-sur-Loire.

Die Abbildung auf Seite 1 zeigt ein Glasfenster in Schloß Blois. Auf Seite 2 ist ein Ausschnitt aus der Fassade von Schloß Chambord zu sehen.

An der Stelle, wo sich im Mittelalter das kleinere Schloß der Grafen von Blois befand, ließ Franz I. ab 1518 Chambord, das größte aller Loireschlösser, errichten. Der König wollte für sein ehrgeiziges Projekt ursprünglich die Loire umleiten lassen, um die Gräben und Wasserspiele zu speisen. Am Ende wurde »nur« der Lauf des Nebenflusses Cosson verlegt, um die ausreichende Bewässerung der Anlage sicherzustellen.

Schloß Gué-Péan (oben) liegt im Schutz seiner vier Türme wohlverborgen in einem leicht verwilderten Seitental des Cher. Es war stets bewohnt und hat in siebenhundert Jahren viele Menschen in seinen engen Räumen aufgenommen. Hier trifft man noch auf ein lebendiges Adelsleben. Die das Schloß umgebende Landschaft ist auch in der kalten Jahreszeit von großem Reiz (links).

Nachfolgende Doppelseite:
Saumur an der westlichen Loire wird von seinem Schloß beherrscht, dessen heutige Gestalt im wesentlichen aus der zweiten Hälfte des 14. Jahrhunderts stammt.

Die Schlösser der Loire

Valençay über dem Nahontal: Der Prachtbau aus der Renaissance diente Napoleons Minister Talleyrand als vornehmes Gästehaus für nicht immer freiwillig angereiste Staatsgäste. Noch heute wird das Schloß von den Nachkommen Talleyrands bewohnt.

Das Loiretal – ein historisches Zentrum

Die Loire durchfließt Landschaften, die heute allgemein als das Herz Frankreichs bezeichnet werden, und im Herzen des römischen Galliens lagen sie ganz zweifellos. Aber erst im Jahr 1101 dehnte sich die Königsmacht von Paris über die Loire nach Süden hin aus, als König Philipp I. (1052–1108) dem Grafen Odo Harpin von Bourges sein Land abkaufte. In den vierhundert Jahren, die diesem Akt folgten, waren nur zu oft die Engländer die Herren dieses uns heute so typisch französisch anmutenden Landes.

In Burgen und Schlössern der Loire und ihrer Nebenflüsse begegnen wir immer wieder einem halben Dutzend von Herrschern und Landesherren, denen unser Landstrich durch seine Nähe zu bedeutenden Handelswegen besonders wichtig war. Die erste herausragende Persönlichkeit ist Fulco Nerra. Er lebte von 972 bis 1040 und führte Krieg bis in die Bretagne, aber auch gegen ganze Koalitionen anderer Fürsten. Immer, wenn er meinte, nun doch allzuviel Blut vergossen zu haben, pilgerte er nach Jerusalem, und auf der Heimreise von der dritten Pilgerfahrt ereilte ihn in Metz der Tod. Er ist der große Einiger der Touraine, er hat ihr Angers hinzugewonnen, er hat sie mit drohenden Festungen durchsetzt, als wolle er seinen Besitz festnageln.

Es waren dynastische Querverbindungen über den Ärmelkanal hinweg, die Fulcos Haus Anjou auf den englischen Thron brachten: von 1154 bis 1399, in den Seitenzweigen Lancaster und York noch bis 1485. Nach einem Ginsterzweig im Wappen von Anjou nannte sich die Dynastie, die es auf insgesamt vierzehn Könige brachte, Plantagenet (»planta geneta«), und als Heinrich II. Plantagenet Aliënor von Aquitanien ehelichte, da waren weite Teile des südlichen und mittleren Frankreich mit England so eng verbunden, wie sie es in karolingischen Zeiten mit Deutschland gewesen waren. Und so, wie Charlemagne allen Franzosen ein vertrauter Begriff ist, der große Karl, dem Europa von den Pyrenäen bis zur Elbe untertan war, so ist Richard Coeur-de-Lion, der König Richard Löwenherz, an der Seine und an der Loire unvergessen. Richard, Sohn Heinrichs Plantagenet und Aliënors, hatte wie so mancher große Krieger nur ein kurzes Leben. 1157 in Oxford geboren, unternahm er 1190 gemeinsam mit Philipp II. August, König zu Paris (1165–1223), einen Kreuzzug. Noch verstand man sich gut. Die folgenden neun Jahre aber sahen die beiden hochbegabten Fürsten als Rivalen im Heiligen Land und als Gegner auf französischem Boden, wo mit Philipp II. Frankreichs Jahrhunderte währender Kampf um die Rückeroberung seines natürlichen Territoriums begann.

Der große Einiger, die beherrschende Persönlichkeit des 15. Jahrhunderts, war Ludwig XI., Sohn Karls VIII. mit Maria von Anjou, 1423 in Bourges geboren, 1483 in Plessis-lès-Tours gestorben, der König, dem die Touraine den Louvre und die Loire die Seine ersetzt hat. Er war ein Fürst nach dem Zuschnitt eines Fulco Nerra, nur daß man an der Schwelle zur Neuzeit manches nicht mehr verzieh, was im Nachklang merowingischer Zeiten noch hingenommen worden war.

Das Haus Valois

Nach einer Reihe schwächerer Herrscher folgt auf die düstere Größe des elften Ludwig der Valoiskönig Franz I. wie eine Lichtgestalt, obwohl gewiß nicht frei von Tadel, so doch eher um die Gunst der Frauen und die schönen Seiten des Lebens bemüht, als an Intrigen oder Meuchelmord interessiert. »Franz besaß die bestechendsten Gaben des Geistes: er war der eleganteste Kavalier des Reiches, von feinster Bildung und voll Neigung für Dichtung und Kunst; feurig und lebendig war sein Wesen und brennender Ehrgeiz beseelte ihn« – dies zitieren wir nicht aus einem Geschichtsbuch französischer Gymnasien, sondern aus unserem treudeutschen und mit dem Lob für französische Könige sehr sparsamen »alten Meyer«, dem heute schon wieder allgemein gesuchten Großlexikon von 1904. Auf dem Weg durch die Schlösser unserer Täler werden wir auf die Verliese stoßen, die Fulco baute, die Ludwig XI. füllte und über denen in den freundlicheren Etagen Franz I. den schönen Töchtern des französischen Adels seine Sympathie bewies.

Erfolg führt manchmal zur Selbstüberschätzung, und Franz I. hätte ein leichteres Leben gehabt ohne seinen Versuch, mit Kaiser Karl V., dem Herrn eines Weltreichs, zu rivalisieren. Aber was dieser von politischen Nöten aller Art heimgesuchte Monarch zwischen Fontainebleau und dem Berry an Schlössern in die Landschaft setzte, die Großzügigkeit, mit der er sein Land der italienischen Renaissance und ihren besten Geistern öffnete, das bleibt Verdienst und ist unvergessen.

Im übrigen aber war der Lebensabend des fröhlichen Königs durch politische und persönliche Probleme verdüstert: Es war zwar gelungen, einen Einfall Karls V. in die Provence zurückzuschlagen, aber wenige Tage nach dem französischen Sieg starb der Thronfolger, in Frankreich Dauphin genannt, an einem Glas vergifteten Eiswassers.

Heinrich II.

Zwei Jahre darauf bestieg der jüngere Königssohn als Heinrich II. (1519–1559) den Thron, und seine Gemahlin aus dem vom Hochadel noch nicht akzeptierten Haus der Medici wurde Königin. Da man wußte, daß die Medici wie so manche andere italienische Familie mit Giften umzugehen verstanden, war die erste Verdächtige in der Affäre des Dauphins Katharina von Medici gewesen, die durch diesen Todesfall von der Prinzessin im zweiten Glied nun zur künftigen Königin aufrückte. Aber sie war nicht nur im engsten königlichen Gefolge und gleichsam unter Aufsicht gewesen, sie genoß auch dank ihrer Begeisterung für die Künste und Bücher die Sympathien des Monarchen.

Katharina hätte Grund genug gehabt, die alte Waffe der Medici, das Gift, am Hof der Valois einzusetzen, denn sie hatte eine übermächtige Gegnerin in der schönen, kühlen und hochintelligenten Diana von Poitiers, in ihren jungen Jahren vielleicht schon die Geliebte Franz I., als Frau dann die beherrschende Erscheinung am Hof Heinrichs II. Die »Fremde«, die Italienerin mit ihren plebejischen Manieren, hatte keine Chance gegen Diana, die schließlich sogar die Erziehung der Königskinder in die Hand nahm, und es bedurfte abermals eines gewaltsamen Ereignisses, um die Lage völlig zu verändern: Im Juni 1559 vermählte sich König Philipp II. von Spanien mit Heinrichs Schwester Elisabeth, ein Fest, in dessen Rahmen auch ein Turnier angesetzt worden war. Heinrich II. war ein gesunder Vierziger, sportlich, durch tägliche Leibesübungen bestens auf Ritterspiele vorbereitet, aber der unglückliche Zufall wollte es, daß die Lanze seines Turniergegners das Visier des Königs aufstieß und Heinrich durch ein Auge ins Gehirn drang. Trotz der Operation durch den berühmten Arzt Ambroise Paré, vor der einige zum Tode Verurteilte in Versuchen geopfert worden waren, starb Heinrich II.

Frühaufsteher werden in der stillen Auenlandschaft um Schloß Montpoupon belohnt: Der Morgennebel verleiht dem Bild, das sich dem Spaziergänger hier bietet, eine geheimnisvolle Atmosphäre.

Das aufwendig renovierte Schloß Villandry besticht besonders durch seine außergewöhnlichen Gartenanlagen.

Mit seinem Tod begann der Niedergang des Hauses Valois, denn die Partei der katholischen Herzogsfamilie Guise und Dianas war reicher und mächtiger als das Königshaus. Heinrich III. (1551–1589), ein glanzvoll-heiterer, hochgebildeter Fürst, war wohl begabter als seine vor ihm regierenden älteren Brüder, aber kein Herrscher für die schwierigen Zeiten der Religionswirren. Als ihn im August 1589 ein junger Dominikanermönch tötete, war der Weg frei für eine neue Dynastie. Heinrich IV. (1553–1610), König von Navarra und Frankreich, Schwager Heinrichs III. von Valois und Sohn des Antoine de Bourbon, wurde als König des ganzen Frankreich noch beliebter als Franz I. Die Ära der Valois, deren Landschaften die Touraine und die Sologne gewesen waren, hatte ein schnelles Ende gefunden.

Die Zeit und ihre Sitten

Wir werden ihnen allen in den Schlössern begegnen, die sie erbauten, liebten und immer nur ein paar Monate bewohnten, weil es aus hygienischen Gründen vorzuziehen war, alle Räume dann einer Reinigungsmannschaft zu überlassen und sich mit neuen Verhältnissen anzufreunden; auch empfahl es sich, die Jagdreviere zu wechseln und die Bauern der Umgebung nicht allzulange den Umtrieben der Hofgesellschaft auszusetzen: Der Bedarf an neuen Residenzen wuchs also.

Die seit der großen Revolution im Rückblick so hart kritisierte Oberschicht hatte durchaus Kultur; sie suchte die Gesellschaft von Künstlern und Gelehrten und stellte den geistigen Größen der Zeit nicht selten ebenbürtige Gesprächspartner. Wir beneiden die gefräßige, bei aller Leibesfülle aber außerordentlich aktive Katharina von Medici um den Umgang mit Michel de Nostredame, genannt Nostradamus, dem bedeutenden jüdischen Arzt aus der Provence, oder mit Ruggieri, der ihr die Regierungsjahre ihrer Söhne voraussagte, angefangen von Franz II., dem Gatten der Maria Stuart, dem nur ein einziges Herrschaftsjahr vergönnt war. Manches, was uns der Schriftsteller Brantôme in seinen Memoiren und andere über die Schwarzkünstler am Hof der Valois berichten, mag Legende sein. Unerschütterlich ist die Tatsache, daß der Quatrain (Vierzeiler), der den Tod Heinrichs II. voraussagte, vier Jahre vor dem Ereignis in den »Centurien« des Nostradamus im Druck erschien.

In manchen Schlössern meint man, jenes versunkene Leben noch greifen zu können, etwa in Chenonceau, wo die Szenerie der ausgelassenen Feste noch intakt ist, wo man abends nur eine Flasche Vouvray braucht, um Gebüsche und Rabatten mit all den hübschen jungen Damen zu bevölkern, die im Abenddunkel hier vor den Kavalieren flohen mit dem Auftrag, sich von dem Richtigen einfangen zu lassen. Denn was den Franzosen ahnungsloses Vergnügen war, das hatte Katharina von Medici mit ihrem kalkulierenden Kaufmannsverstand zur Methode erhoben. Ihre »escadron volant«, eine ihr blind ergebene Truppe charmanter Adelssprößlinge vor allem weiblichen Geschlechts, wurde in durchaus moderner Weise zur Erkundung von Plänen und Neigungen, zur Beeinflussung von Wankelmütigen oder Gegnern eingesetzt, mitunter sogar gegen den eigenen Gemahl: Einmal gelang es tatsächlich einer temperamentvollen Irin aus Katharinas Truppe, Heinrich II. für ein paar Monate von Diana von Poitiers abzulenken, die nach einer Krankheit stark abgemagert war und sich dem jungen Geliebten darum verweigerte.

Chronisten

Die Reiseführer erzählen uns diese Histörchen und andere, weniger heitere, in denen gemordet und gefoltert wird. Wenn auch die Örtlichkeiten nicht immer stimmen – manches wurde umgebaut, verändert oder ist gar nicht mehr vorhanden –, die Ereignisse als solche sind uns getreulich überliefert, denn hier, an der Loire, stehen uns Berichte seit Commynes über Brantôme bis hin zu Tallemant des Réaux und zum Herzog von Saint-Simon zur Verfügung von Verfassern, die meist selbst aus betroffenen Familien stammten.

Der Fluß und seine Landschaft

Über die Landschaften an der Loire sind einige populär gewordene Bezeichnungen im Umlauf. Die modernste lautet »Der Garten Frankreichs«, die älteste »Der heilige Nabel Galliens«. Die zentrale Lage und die üppig grünende Natur sind damit als die entscheidenden Charakteristika erkannt, und man darf noch den Wein hinzufügen, der, wo immer er gedeiht, nach harter Arbeit doch einen gewissen Wohlstand sichert. All das findet sich mancherorts, aber zwischen Nantes und Nevers gibt es noch etwas Besonderes – den Fluß, sein einzigartiges Tal, seine Zuflüsse, ein System der Gewässer mitten in einem Landblock. Gäbe es die Loire nicht, das Herz Frankreichs wäre eine öde, dünn besiedelte Mancha mit einigen Windmühlen anstelle der Schlösser...

An Flußufern war die Siedlungsdichte schon in vorgeschichtlichen Zeiten besonders groß. Auf den Flüssen der Touraine und des Berry wurden Feuersteine als Halbfertigware verschickt zur Endbearbeitung in den Abnehmerorten, und nach den Feuersteinen kamen die Töpferwaren. Als die Römer die Loire erreichten – einen Fluß, den sie nicht aufhörten zu preisen –, war das ganze Netz der Flüsse von emsiger Binnenschiffahrt genutzt, wobei die Schiffer bereits eine eigene Gruppe, vermutlich ligurischen Ursprungs, bildeten.

Der Portus Namnetum (Nantes) und das spätere Orléans waren die Haupthafenorte, aber der Liger, wie die Loire damals hieß, besaß sehr viele Häfen und Anlegestellen nicht nur für den Transithandel von Britannien nach Italien, sondern für den Frachtverkehr mit Massengütern wie zum Beispiel Getreide oder Wein auch innerhalb Galliens.

Zahlreiche Gesimse, Pfeiler, Piaster und ornamentale Details geben dem Dach vom Chambord trotz seiner Monumentalität eine lebendige Vielfalt.

Unterbrochen vom Hundertjährigen Krieg konnte der 1306 begonnene Bau der Abteikirche von Vendôme erst 1506 mit der Fassade zur Vollendung gebracht werden.

Die brüsken Hochfluten der Loire, keineswegs nur im Frühjahr nach der Schneeschmelze, sondern auch nach ausgiebigen Regenfällen, bringen die Menge der Wassermassen auf das Niveau des Mississippi und überschritten diese sogar beträchtlich in den Katastrophenjahren 1856 und 1866. In ihrem Mittellauf bewegt die Loire ungeheure Sandmassen, welche die Fahrrinnen verlegen, die Strömungsverhältnisse ändern und aus diesem mit beinahe eintausend Kilometern längsten Fluß Frankreichs eine launische Naturschönheit machen, der alljährlich nicht wenige Unvorsichtige zum Opfer fallen.

Die kühlen Techniker aus der großen Stadt Paris haben darum immer wieder Projekte zur Domestizierung dieses wilden Flusses entworfen, sind aber über die nötigsten Dammbauten nicht hinausgelangt, denn die französischen Umweltschützer, die allesamt die Vernichtung der Durancelandschaft im Südosten des Landes verschlafen hatten, erwachten gerade noch rechtzeitig, um das blaue Band in Frankreichs grüner Mitte zu retten. Ortsnamen und alte Schiffergasthöfe erinnern an die Tatsache, daß dieses Agrarland im Herzen Frankreichs dank der Loire eine ausgezeichnete Infrastruktur hatte, vergleichbar dem Anschluß der reichen Normandie an den Bauch von Paris auf der Seine. Was an der Loire und in ihrem ganzen 120 000 Quadratkilometer großen Einzugsgebiet hinzukam, das war die Beständigkeit der lebenspendenden Feuchtigkeit, wie man sie auch im südlichen Teil von England vorfindet, an den die Touraine den englischen Erzähler John Cowper Powys aus Devonshire erinnerte. Die französischen Enthusiasten gehen zu unserer Zeit, da der Fluß nur noch einigen Amateuren als Wasserweg dient, in ihrer Begeisterung weiter bis zur Schwärmerei, so etwa Maurice Bedel (1883–1954): »Die Loire hat keine andere Aufgabe, als schön zu sein.«

So ist es aber eben nicht. Das einzigartige Mit- und Nebeneinander der Schlösser und der Höhlenwohnungen, der Manoirs (Landsitze) und der Bauernhäuser, der berühmten Weingärten und der schlichten Gemüsekulturen – das duftende Land mit Parfümpflanzen und Obstplantagen, unendlichen Wäldern und romantischen Lichtungen ist ohne die Loire nicht denkbar. Es wäre ohne sie nie so entstanden, verbunden durch ein Flußsystem vielfältiger Schönheit, geschützt durch die elementare Gewalt des Wassers, ein Herz Frankreichs gewiß, aber eines, dem der Kopf Paris nie allzuviel zu sagen hatte.

Der Wein

Der Zaubertrank, der bei diesem Wunder einer Landschaft eine große, aber keineswegs die einzige Rolle spielt, ist der Wein, von dem der Gastronomiepapst Curnonsky sagte, koste man die Loireweine, so entspräche dies der Begegnung mit einem ganzen Beet von Frühlingsblumen. Bedel, abermals übertreibend, ruft gar aus: »C'est Vouvray, c'est la France«, eine Zeile, die zum Glück des Autors der zentralistischer denkende General de Gaulle wohl niemals zu Gesicht bekam.

Es gibt berühmte Weinatlanten, die der Touraine viele Seiten widmen, was uns verwehrt ist; ich kann nur, nach einem Vierteljahrhundert freudig wiederholter Begegnungen mit den Loireweinen, mit persönlichen und notwendigerweise subjektiven Impressionen dienen, relativiert durch Jahrgang und die begleitenden Menus, weswegen ich mir hier Superlative versage.

Die Loireweine haben sich, trotz der kostbaren Burgundersorten und der reichen Ernten auf den Châteaux rund um Bordeaux, den Weg in die Welt schneller gebahnt als berühmtere und teurere Weine Frankreichs. Sie waren dank der günstigen Verschiffungsmöglichkeit billig genug für die sparsamen Briten und gelangten zur See auch in den Norden Deutschlands und nach Skandinavien, wo man bis dahin geglaubt hatte, Wein wachse nur für reiche Leute. Dabei ist der in großen Mengen geerntete Loirewein nicht das, was man einen Landwein nennt und in den Corbières, rund um den Mont Ventoux oder in der Camargue gerne trinkt. Die wichtigsten Anbaugebiete haben gute Namen wie Sancerre und Pouilly, danach Vouvray und Montlouis in der Mitte und schließlich Bourgueil, Chinon, Gamay und Champigny im Westen. So köstlich manche Jahrgänge vom Pouilly-Fumé oder vom nicht perlenden Vouvray geraten, wirklich große Weine bringt das Loiretal nicht hervor (für welche Behauptung mich wohl mancher Bannstrahl treffen wird). Jedenfalls aber sind die Weine der Loire ein lohnendes und weitgehend ungefährliches Feld eigener Erfahrungen. Herb und gut gekühlt begleitet der weiße Sancerre die Vorspeisen, der stille Vouvray den Hauptgang, der kräftige Bourgueil die Käseplatte. Will man für die ganze Mahlzeit mit einer Sorte auskommen, so bieten sich die Rosés an, wobei der Rosé d'Anjou für unseren Geschmack meist zu wenig Charakter hat, oder man entscheidet sich von den Vorspeisen an für den moussierenden Vouvray. Auch die gutartigen Roten wie Chinon oder Gamay vertragen sich mit allen Speisen. Leider haben die jungen wirtschaftlichen Verschwisterungen der EG-Staaten auf den Weinanbau und vor allem auf seine Behandlung zurückgewirkt, und wenn aus Frankreich auch vergleichsweise geringfügige Verfälschungsaktionen und Etikettenschwindel bekannt geworden sind, so ist doch der moussierende Vouvray inzwischen in halb- und ganz süßen Qualitäten auf dem Markt, weil die rechtsrheinischen Süßtrinker große Mengen abnehmen. In den Lokalen pflegen die kundigen französischen Wirte ihre Einkäufe auch an Weinen selbst zu tätigen, so daß man im allgemeinen nichts zu befürchten braucht. Der Restaurantbesitzer, der über das Getränk zu besonderen Gewinnen kommen will, unterliegt stummer Verurteilung, weswegen die Weine selbst in Spitzenrestaurants vergleichsweise erschwinglich sind.

Ist man in der glücklichen Lage, nicht im Hotel wohnen zu müssen, so hat man die Freiheit zu eigenen Einkäufen und Zusammenstellungen; man kann dann von dem Gebrauch machen, was an jeder Landstraße der Touraine angeboten wird: dem schmackhaften Ziegenkäse (»fromage de chèvre«) vom Bauern selbst, dem Honig direkt vom Imker und dem Wein eigener Herstellung vom Weingut, das in der Touraine meist bäuerlichen Charakter hat, nicht den der Châteaux in den Regionen Bordeaux oder Burgund. (Einzelne gute Château-Weine von der Loire bestätigen allerdings als Ausnahmen diese Gesamtregel: La Fresnaye, Suronde, Tracy).

Das Essen

Da die Gastronomie heute ohnedies zum Lieblingsthema der Reiseführer avanciert ist, genügen hier wohl ein paar grundsätzliche Bemerkungen. In Weingegenden wird aus den

Detail am Portal der Abteikirche von Vendôme, das wie die gesamte Fassade im 16. Jahrhundert unter der Leitung von Jean de Beauce mit großer Kunstfertigkeit verziert wurde.

Von der königlichen Privatkapelle des Schlosses Blois steht heute nur noch der Chor. 1635 ließ man das Schiff der Kirche zugunsten eines neuen Schloßflügels abreißen.

verschiedensten Gründen meist gut gegessen: Man ist nicht arm, und ein guter Tropfen braucht eine adäquate Unterlage (umgekehrt: Länder ohne Weinbau haben meist eine schaurige Küche...). Als bis heute reiches Jagdgebiet haben Sologne und Touraine Wildspezialitäten zu einer Hauptattraktion entwickelt, die bis in die bürgerliche und bäuerliche Küche vorgedrungen sind, also keineswegs auf die herrschaftliche Tafel oder die Dreisterne-Restaurants beschränkt sind. Etwa der Hasenpfeffer (»Civet de Lièvre«) versöhnt seit Jahrhunderten die kleinen Leute mit der Tatsache, daß Rücken und Läufe dieses Tieres in den Schlössern gegessen werden. Aus ähnlichen Gründen haben sich auch die »Tripes« (Kaldaunen), im Vouvray zubereitet, als Pièce de Résistance etabliert und die stets im Hause zubereiteten »Rillettes«, eine Mischung aus gehacktem Schweine- und Geflügelfleisch in Fett gekocht, die in Töpfchen als Vorgericht auf den Tisch kommt und an die so mancher Koch besonderen Ehrgeiz wendet.

Historische Höhepunkte der Tourainekuche sind noch hin und wieder anzutreffen: so die einst berühmt-berüchtigte Lerchenpastete von Pithiviers an der Solognegrenze, wegen der scharfen Würzen besonders geeignet, wenn es galt, jemanden zu vergiften (Mirabeau soll so einem Gericht erlegen sein). Das vergleichsweise nahe Meer und die trotz aller Schonung absinkende Qualität der Fische und Krebse aus den Binnengewässern haben dazu geführt, daß sich auf den Speisekarten der guten Restaurants inzwischen auch Meeresspezialitäten eingefunden haben. Eine Besonderheit dieser Art, zunächst befremdlich, dann aber köstlich, ist der rohe, nicht marinierte Lachs, gleichsam als Carpaccio mit verschwenderisch viel Zitrone serviert und zum Pouilly-Fumé ein großartiger Auftakt der Mahlzeit; auch die traditionelle »Matelotte d'Anguille« (Aal nach Matrosenart in Vouvray) steht bis heute auf den Karten der Restaurants in Tours. Die Überbleibsel aus der Landarbeiterküche hingegen sind weitgehend verschwunden. Den sättigenden Hirsebrei (stark gesüßt, genannt »La Millière«) kündigt aber noch das eine oder andere Fernfahrergasthaus an; dort gehören auch Blut- und Leberwürste zum Standardangebot (»Boudin blanc« bzw. »noir«).

Die Menschen

»Die Menschen in der Touraine«, schreibt Alfred de Vigny (1797–1863), »sind so schlicht wie ihr Leben, sanft wie die Luft, die sie atmen und kräftig wie der Boden, den sie bewirtschaften. Man erkennt in ihren braunen Gesichtern weder die kühle Unbeweglichkeit des Nordens noch die lebhaften Grimassen der Südfranzosen: Ihre Gesichter haben wie auch ihr Charakter noch etwas von der wahren Reinheit und Unschuld des heiligen Ludwig. Ihre Sprache ist das reinste Französisch, nicht zu langsam, nicht überstürzt, ohne Akzent. Die Wiege unserer Sprache steht hier, neben der Wiege unseres Königtums« – soweit der

Romantiker. Honoré de Balzac (1799–1850), der seine Landsleute wohl etwas besser kannte, ist zumindest in einem Brief wesentlich unhöflicher und schreibt am 21. Juli 1830 an Victor Ratier: »Ach, wenn Sie wüßten, wie sie ist, meine Touraine! Man vergißt hier einfach alles. Ich vergebe den Einwohnern dieses Landstrichs auch all ihre Blödigkeiten, denn sie sind so glücklich. Die Erfüllung, das Glück des Lebens, das wären 600 Francs sicherer Rente am Ufer der Loire.«

Tours

Die Hauptader der Stadt ist die Rue Nationale, deren anspruchsvoller Name der tatsächlichen Größe der Straße zu widersprechen scheint; sie verläuft vom Pont Wilson schnurgerade nach Süden und durchschneidet die Stadt.
Um die Brücke herum war nach dem Ende des Zweiten Weltkriegs naturgemäß am meisten zerstört, und hier meldeten sich später auch die stärksten Verkehrsprobleme. Darum erhielt das Nordufer der Loire zwei Durchgangsstraßen, eine höher gelegene für den Nahverkehr und eine nahe am Wasser geführte für den Fernverkehr, die auch als Autobahnzubringer verstanden werden kann. Am Südufer bildet ein langer Straßenquai mit den Boulevards die Ellipse des Ringverkehrs um das Zentrum von Tours. Die Autobahn führt mit ihrem Südast zwischen dem Zentrum und dem ehemals selbständigen Vorort Saint-Pierre-des-Corps hindurch.

Die Rue Nationale

Die Rue Nationale muß ihrer Länge und ihrer Bedeutung wegen ein wenig von allem bieten, und es steht ihr gut an. Am Nordende, wo kein Stein auf dem anderen blieb, sind ausgedehnte Neubauten einigermaßen glücklich an die Brückenlandschaft angeschlossen worden: durch Terrassen mit Freitreppen und ein paar elegante Verwaltungsgebäude. Sie schirmen die *Ecole des Beaux Arts* gegen den Verkehrsstrom ab, während auf der anderen Straßenseite die Reste von *Saint-Julien* unvermittelt und offen daliegen und durch die Treppen deutlich machen, daß das alte Tours eine ganze Etage tiefer lag als die neue Rue Nationale. Die *Eglise Saint-Julien* gehörte zu einer Abtei, die auf merowingische Zeiten zurückgeht und bei Gregor von Tours (gestorben 594), dem großen Geschichtsschreiber und Anekdotenerzähler, bereits erwähnt wird. Was wir heute von Saint-Julien sehen, ist – nach Zerstörungen durch die Normannen und einen Orkan im Jahre 1225 – im wesentlichen die Kirche aus dem 13. Jahrhundert mit einem anstoßenden Kapitelsaal vom Ende des 12. Jahrhunderts, berühmt dadurch, daß hier das aus dem unruhigen Paris geflohene Parlament unter Heinrich III. im März 1589 eine historisch gewordene Tagung abhielt (im gleichen Jahr wurde der König ermordet).
Auf der Höhe von Saint-Julien wirkt die Rue Nationale noch beinahe als Platz, nicht als

Die spätgotische »Salle des États«, der Ständesaal, ist der älteste Teil des Schlosses Blois. Er entstand im 13. Jahrhundert.

Der Garten von Schloß Villandry vermittelt noch heute authentisch das Aussehen einer Parkanlage der Renaissancezeit.

Straße; abends, wenn sich die Jugend von Tours in den Vorgärten der ineinander übergehenden Cafés und Brasserien versammelt, wird die Straße zum luftigen Rendezvousort für eine ganze Stadt. Der Verkehr ist um diese Zeit nicht mehr stark, und das Summen vieler junger Stimmen steigt in den Himmel. Die Mode, das kann man feststellen, zählt an diesen sommerlichen Abenden überhaupt nicht; man trägt, was man bequem findet, man trägt das, worin man nett aussieht. Die nahe Wasserfläche des Stromes schafft beinahe eine Art Strandstimmung. Unter Sonnenschirmen, die niemand mehr braucht, blinken die bloßen Schultern der jungen Damen, auf der Straße flattern die Röcke der Moped- und der Radfahrerinnen vorbei.

Das ist die frühere Rue Royale, die heutige Rue Nationale, eine der ewigen und der berühmten Straßen Frankreichs, wenn sie auch weniger bekannt ist als die Canebière von Marseille oder die Champs Elysées der Hauptstadt. Im Juni ist es hier bis zehn Uhr abends taghell, von jener milden, gelben Helligkeit der langen Sonnenuntergänge durchwärmt und von den Loirewinden erfrischt. »Eine Straße ist das, die ist immer neu, immer königlich, immer kaiserlich, immer patriotisch, es ist eine Straße mit zwei Bürgersteigen, eine Straße, die an beiden Enden offen ist, herrlich angelegt und so breit, daß noch keiner ›Achtung‹ gerufen hat; es ist auch eine Straße, die sich nicht abnutzt ... eine wohlgepflasterte Straße ist das, fest gebaut, schön gewaschen, sauber wie ein Spiegel, je nach der Zeit belebt oder ruhig; buhlerisch liegt sie im sicheren Versteck ihrer hübschen blauen Dächer, kurz, das ist die Straße, in der ich geboren bin, es ist die Königin unter den Straßen, die immer offen daliegt zwischen Himmel und Erde, eine Straße mit einem Springbrunnen, eine Straße, der nichts fehlt, um berühmt zu sein unter allen Straßen der Welt. Und im Grunde genommen ist sie auch die eigentliche, die einzige Straße von Tours. Wenn es noch andere gibt, so sind diese doch schwarz, krumm, eng, feucht und scharen sich ehrfurchtsvoll um diese helle Straße, der sie ihren Gruß bieten wie einer, die sie anführt ... Wirklich: wenn man erst einmal in dieser Straße ist, will man gar nicht wieder heraus, so vergnüglich ist es darin.«

Haben Sie ihn erkannt, den Hymniker der Rue Nationale von Tours? Er ist in Nr. 39 dieser Straße geboren worden, und zwar im Jahre 1799; in den Jahren 1804 bis 1807 lebte er dann in Nr. 53, also ein paar Häuser weiter, besuchte die Schule in Tours, und 1814 zog die ganze Familie nach Paris. Es ist Honoré de Balzac, der in den »Tolldreisten Geschichten«, erschienen zwischen 1832 und 1853, seine Heimatstadt und ihre Hauptstraße mit soviel Anteilnahme schildert.

Inzwischen sind von den engen und krummen Straßen des alten Tours viele verschwunden. Im Jahre 1940 brannten mehrere Häuser der Rue Nationale ab, auch das Geburtshaus des Dichters, und die neuen Viertel von Tours haben gerade, helle Straßen. Am anderen Ende der Rue Nationale, also im Süden, bildet die Place Jean Jaurès den Mittelpunkt der Stadt, mit halbrunder Verbauung und einer Zone von Gartencafés, an die sich Kinos und Läden anschließen. Ein breiter Boulevard kreuzt hier die Rue Nationale, ist aber nur bis zum Bahnhofplatz wirklich dicht belebt, so daß ein zweiter Schwerpunkt geschaffen ist. Hier liegen Busbahnhof, Eisenbahn, Hotels und *Syndicat d'Initiative* beisammen, das große und moderne Fremdenverkehrsbüro, in dessen Schatten sich geschwind ein paar Gewerbe des alten Tours – unter anderem eine Seilerei, eine Zinngießerei und eine Kerzengießerei – angesiedelt haben.

Zeugnisse der frühen Baugeschichte

Man kann in Tours wunderbar einkaufen, und man kann all diesen Ablenkungen den Rücken kehren und sich als wohlerzogener

Tourist Abteikirchen und aufgerissenen Türmen widmen, der Stadt des heiligen Martin und des großen Bischofs Gregor, der sich so kurzweilig liest wie ein moderner Kolumnist, nur daß er die festeren Grundsätze hat.

Dann beginnt man am besten mit La Gatinnaise, wie die Leute von Tours zärtlich ihre Kathedrale nennen. *Saint-Gatien* wurde nach dem ersten Bischof so genannt, der um 250 gelebt haben soll. »In dieser Stadt (Tours) wohnten damals noch eine Menge Heiden, die dem Götzendienst ergeben waren; von ihnen bekehrte er einige zum Herrn durch seine Predigt. Aber zuweilen mußte er sich wegen der Feindschaft der Mächtigen verbergen, denn sie beschimpften und schmähten ihn oft; und er feierte auch im geheimen in Grüften und in Verstecken den Gottesdienst am Tage des Herrn mit den wenigen Christen.«

Nach diesen Worten des Gregor von Tours ist es nicht sehr wahrscheinlich, daß dieses verborgene und bedrohte Christenvölkchen sich schon eine Kirche zu bauen wagte, wenn es auch als gesichert gelten kann, daß es im 3. Jahrhundert wie beinahe überall in den römischen Provinzgarnisonen auch in Tours Christen gegeben hat.

Wir stoßen im Viertel um die Kathedrale noch auf römische Reste, aber im ganzen ist das heidnische Tours uns heute so verborgen wie es damals die Christen waren: Die Rue du Général Meusnier liegt auf dem Gelände der römischen Arena, zahlreiche Häuser stehen hier auf römischen Fundamenten (Nrn. 4, 8, 12), das gleiche gilt für die Rue Manceau (Nrn. 4, 6, 7) und für den Garten des Hauses Nr. 7 in der Rue de la Bazoche. Besser zugänglich sind Römerreste mit einer Turmruine in dem kleinen Park Ecke Rue des Ursulines/Rue du Petit Cupidon. Auf der Place François-Sicard sehen wir in einer Ecke einen dicken Römerturm, der allerdings stark restauriert worden ist, und eine von allerlei Geschichten umwobene mächtige Zeder im Hof des alten Bischofspalastes. Der Komplex lehnt sich an die römische Stadtmauer an und stammt mit seinen ältesten Teilen aus dem 11., im wesentlichen aber aus dem 17. und 18. Jahrhundert. Der Zedernbaum wurde 1804 gepflanzt. Hier könnte man wandern und schauen, eintreten und meditieren für Stunden. Nahe der großen Zeder lädt ein kleiner Park dazu ein, an der Rue des Ursulines ebenfalls; an allen Straßen des Viertels liegen Häuser, die uns an bemerkenswerte Personen oder Schicksale erinnern oder es zumindest vorgeben, denn in der Maison de Ronsard zum Beispiel, einem Haus aus dem 16. Jahrhundert in der Passage des Jacobins, hat der gleichnamige Dichter wohl niemals gewohnt. An der engen Place Foire-le-Roi (nahe der Rue Colbert) liegt das hübsche Hôtel Babou de la Bourdaisière, ein Name, den man auch aus der galanten Chronik der Loireschlössser ausgiebig kennt. Ein Oberfinanzverwalter König Franz I., der zudem Günstling des Monarchen war, ließ es um 1520 von den Brüdern François bauen, die damals am Bau der Kathedrale arbeiteten.

Schloß Villandry wurde ab 1532 auf den Grundmauern einer mittelalterlichen Anlage errichtet.

Das »Dornröschenschloß« Ussé ist auch im Inneren liebevoll gestaltet – Gemäldegalerien, flämische Wandteppiche und Mobiliar aus dem 18. Jahrhundert laden zum Verweilen ein.

Die Kathedrale Saint-Gatien

Haben wir nun die Kathedrale lange genug umkreist, um sie von außen aufzunehmen und ihr Viertel kennenzulernen, dann betreten wir das alte Gotteshaus, das in seiner heutigen Gestalt zwischen dem 13. und 16. Jahrhundert errichtet wurde. Die berühmten Glasmalereien und der Chor stammen aus dem 13. Jahrhundert. Reste der romanischen Kathedrale von 1125 (die vermutlich schon die dritte Kathedrale der Stadt war) sind insbesondere in den Türmen der Fassade zu erkennen. Als eine der großen Kathedralen Frankreichs zeigt uns Saint-Gatien also die Entwicklung des Kirchenbaustils von der frühen Gotik bis hin zur Renaissance, bei den jüngsten Bauteilen, etwa bei der Krönung der beiden Türme und bei Partien der Fassade.

Die zwischen 1265 und 1270 eingesetzten Glasfenster weisen eine deutliche Verwandtschaft mit jenen der Sainte-Chapelle zu Paris auf. Die Vermutung, daß dieselben Künstler auch in Tours gearbeitet haben oder daß die Fenster gar in Paris gefertigt wurden, wird dadurch gestützt, daß König Ludwig der Heilige (1215–1270), dem Paris die herrliche Kapelle verdankt, sich auch für den Kathedralenbau in Tours außerordentlich interessierte. Namentlich kennen wir nur einen einzigen unter den Schöpfern der Kirchenfenster, jenen Richard le Vitrier (das heißt der Glasermeister), der in einem Dokument von 1279 erwähnt wird.

In der ersten Seitenkapelle des Chors sehen wir die Gräber von Charles und Charles Orland, 1496 und 1495 gestorbene Söhne König Karls VIII., und das Grab der Anna von der Bretagne (gestorben 1519).

Das mittelalterliche Tours

Auf der anderen, also der westlichen Seite der Rue Nationale, jenseits der Neubauzone um die Place de la Résistance, hat sich, dank einer grundlegenden Sanierung, ein ganzes mittelalterliches Viertel erhalten, an dessen südlichem Rand die Kirche Saint-Martin liegt, mit anschließendem Kloster und Uhrturm.

»Als zweiter Bischof (von Tours) wurde im Jahr 337/338 Litorius eingesetzt«, schreibt Gregor von Tours. »Er gehörte zu den Bürgern von Tours und war ebenfalls ein sehr frommer Mann. Er baute die erste Bischofskirche innerhalb der Stadt Tours, da schon viele Christen daselbst lebten, und das Haus eines Senators richtete er als erste Stadtkirche ein. Zu seiner Zeit fing der Heilige Martinus an, in Gallien zu predigen. Litorius war dreiunddreißig Jahre Bischof und starb in Frieden ... Als der dritte Bischof wurde 371/372 der (später heilig gesprochene) Martinus eingesetzt. Er stammte aus der Stadt Sabaria in Pannonien (heute Steinamanger in Westungarn). Aus Liebe zu Gott gründete er zuerst in der Stadt Mailand ein Kloster; da er aber unerschrocken die Dreieinigkeit predigte, wurde er von den Irrgläubigen mit Ruten gepeitscht und aus Italien

vertrieben, worauf er sich nach Gallien begab. Er bekehrte viele Heiden, zertrümmerte ihre Tempel und Götzenbilder und tat viele Zeichen unter dem Volk. Ehe er zum Bistum gelangte, erweckte er zwei Tote, als Bischof aber nur einen... Nachdem er den Lauf seines irdischen Lebens vollendet hatte, starb er im einundachtzigsten Jahr in dem Dorf Candes. Von diesem Ort brachte man ihn zu Schiff fort und begrub ihn zu Tours«.
Das Viertel zwischen Saint-Martin und der Loire gehörte also lange Zeit nicht zu Tours, bietet aber heute den deutlichsten mittelalterlichen Aspekt auf dem Areal der Stadt. Am dankbarsten ist ein Gang durch die Rue Briçonnet, benannt nach dem ersten Bürgermeister von Tours, auf dessen Familie wir in der Geschichte der Loireschlösser wiederholt stoßen, und rund um die kleine Place Plumereau.

Das für Ludwig XIV. kostbar eingerichtete Zimmer in Schloß Ussé, das jedoch vom König nie mit einem Besuch beehrt wurde.

Schloß Plessis-lès-Tours

Jenseits dieses Altstadtgebietes, seinerzeit also weit außerhalb der eigentlichen Stadt, lag das Schloß von *Plessis-lès-Tours,* aber auch der erste christliche Friedhof der Stadt mit der bis heute erhaltenen Kirche *Notre-Dame-la-Riche.* Wir erreichen sie durch die nach Georges Courteline benannte Straße. Der Dramatiker (1860–1929) wurde hier im Haus Nr. 49 geboren. Die wiederholt zerstörte und im vorigen Jahrhundert gründlich restaurierte Kirche hat sich dennoch im wesentlichen den Charakter des 15. Jahrhunderts bewahrt. So wie in der neuen Kirche von Saint-Martin eine stilvolle Krypta an den Heiligen und sein Grab erinnert, erhebt sich auch hier, der Kirche gegenüber, ein kleines Denkmal über einer Krypta aus dem 13. Jahrhundert, die als Begräbnisort von Saint Gatien, dem ersten Bischof von Tours, gilt. Im Chor der Kirche, der den Zerstörungen von 1562 entging, ruhen die Gebeine des heiligen Franz de Paula, der 1416 in Kalabrien geboren wurde und 1507 in Plessis-lès-Tours starb.

1482 traf Franz de Paula in Le Plessis bei Tours ein, um dem gealterten König Beistand zu leisten. Ludwig XI. bot ihm wahre Reichtümer an für Vergebungen, die selbst ein Heiliger nicht hätte gewähren können, da es ja die Mordtaten, Falscheide und Grausamkeiten des Monarchen waren, um die es ging. So erbat sich denn Franz de Paula nur ein kleines Häuschen im Komplex des Schlosses und im übrigen die – erst nach dem Tod des Königs flüssig gemachten – finanziellen Mittel für einen Klosterneubau.
Das Schloß dieser Todesängste ist heute Eigentum der Stadt Tours, der ein vermögender Arzt die Hauptlast der Restaurierungen abgenommen hat. Das verhältnismäßig einfache Schloß im gotischen Stil vom Ende des 15. Jahrhunderts, dessen Wohngebäude bis heute erhalten ist, hatte früher zudem noch Wassergräben, aber niemals Ecktürme und prächtige Anlagen. Ludwig ließ sich hier scharf bewachen. Bogenschützen mußten auf jeden schießen, der sich nachts näherte, und

der große Kamin im Sterbezimmer des Königs zeugt auf beinahe grausige Weise von der Kälte, die in diesem harten, aber offensichtlich gläubigen Mann von Jahr zu Jahr wuchs, bis sie ihm 1483 das Herz abdrückte.

Neunzehn Jahre vorher, 1464, war auf Schloß Plessis-lès-Tours Ludwigs Tochter Jeanne geboren worden, ein verwachsenes, häßliches Kind, in dessen Ungestalt der Monarch ebenfalls eine Strafe des Himmels und eine Art Menetekel erblickte. Er konnte nicht mehr erleben, daß dieses Mädchen die Heilige aus dem Königshaus wurde.

Im Katalog der Heiligen und Seligen steht unmittelbar unter dieser unglücklichen Tochter eines harten Königs Jeanne-Marie de Maillé aus La Roche-Saint Quentin, die sich als Witwe nach Tours zurückzog und im Umkreis der Martinsbasilika ein fromm-tatkräftiges Leben führte, und eben diese Familie Maillé war es, von der Ludwig XI. ein schlichtes altes Manoir erworben hatte, um dann Plessis-lès-Tours darauf zu erbauen.

Sünder und Heilige trafen sich also an einem Ort, der heute von alldem nicht mehr viel zu erzählen scheint. Aber einer hat der Welt alles erzählt und Ludwig XI. unvergeßlich geschildert, ein Romancier, der nicht einmal Franzose war: Walter Scott (1771–1832) in seinem Roman »Quentin Durward« (1823).

Zentrum der Touraine

Es ist nicht jedermanns Sache, sich die Landschaften an der Loire von einer so eminent urbanen Stadt aus zu erobern, wie die alte Metropole Tours es nun einmal ist. Der Altstadtkern auf der Insel zwischen Loire und Cher, im Norden von Saint-Gatien, im Süden durch den Boulevard Richard Wagner begrenzt, wird von fünf belebten Nordsüdstraßen durchschnitten, wozu noch die A 10 kommt, die im weiteren Stadtbereich gebührenfrei befahren werden kann. Der große »Echangeur«, die Auffahrtsschleife zur Autobahn, wenige hundert Meter östlich der großen Kathedrale, wirkt wie eine Konstruktion von einem anderen Stern: Hier hat man, entgegen den sonst waltenden Prinzipien, die Interessen der Stadtbürger über die Erhaltung des Stadtbildes gestellt, dem eine isoliert und unabhängig an Tours vorbeiführende Autobahn sehr viel weniger geschadet hätte.

Aber eine zentrale Lage war ja geradezu die Voraussetzung für die Entstehung der alten Städte. Tours beherrschte, was die Verbindungswege anlangte, seit jeher die ganze Touraine; hier sammelten sich alle Nachrichten aus dem Umland, hier mündeten Geschichte und Geschichten aus der Provinz. Die drei berühmtesten Chronisten der Touraine stammen allesamt aus Tours. Am 17. November 594 starb hier Bischof Gregor, geboren als Georgius Florentius, aus vornehmer gallischer Beamtenfamilie. Seine »Zehn Bücher fränkischer Geschichte« (so der deutsche Titel der »Historia Francorum«, die zwischen 575 und 594 entstand), sind ein bis heute unterhaltsam-informatives, an vielen Stellen geradezu verblüffendes Geschichtswerk keineswegs nur über die Großen des Merowingerreiches und eine unschätzbare Quelle. Weniger sicher in seinen moralischen Grundsätzen ist Pierre de Bourdeilles, Seigneur de Brantôme (1540–1614), der als Kammerherr seinen Sitz in Tours hatte, von hier aus England, Frankreich und Italien bereiste und, als er nach einem Sturz vom Pferd nicht mehr so beweglich war, 1589 seine bis heute immer wieder aufgelegten Erinnerungen an die galanten Damen und die großen Kapitäne (das heißt die verdienten Offiziere) diktierte: »Vies des Dames galantes«. Da seine gut beobachteten Geschichten und Anekdoten manchen Skandal enthielten, erschienen sie im Druck erst, als Brantôme 1614 die Augen für immer geschlossen hatte. Von dem dritten Chronisten der »Vie tourangelle« war schon die Rede, von Honoré de Balzac. Selbst die Wunschträume dieses großen Romanciers können wir nachvollziehen,

wenn wir uns vergegenwärtigen, daß er 1846, als der Tod schon nicht mehr fern war, das unweit von Tours gelegene Schloß Montcontour erwerben wollte (beschrieben hat er das in »La Femme de trente Ans«).

Blois

Im Augenblick ist Blois die anregendste Stadt an der Loire, und schon diese in solchem Zusammenhang gewiß unpassende Wendung »Im Augenblick« sagt uns, wo das Problem liegt – in der Rastlosigkeit, die dieses einst so konservative Reiseland erfaßt hat, in der Schnelligkeit der Entwicklungen und Veränderungen vor allem in den kleineren, verwundbaren Städten der Provinz. An diesen Ufern mit dem Gesetz des Stromes und einer alten Besiedlung, hat unser Jahrhundert überall neue Zeichen gesetzt, und es gibt kein Eckchen in Angers, Tours, Saumur, Blois oder Orléans, wo sie nicht zu sehen wären.

Die Entfernungen im alten Blois sind allesamt so, daß man sie leicht zu Fuß bewältigen kann. Nur der Bahnhof und die Präfektur liegen an den Rändern. Schloß und Kathedrale bilden die Brennpunkte einer Ellipse und sind ganze sechshundert Meter voneinander entfernt.

Die Brücke von Briare bei Gien. Für diejenigen, die ihre Fahrt durch das Loiretal im Osten beginnen wollen, ist die Stadt ein guter Ausgangspunkt.

Das Schloß von Saumur beherbergt heute ein kunstgewerbliches Museum und ein Pferdemuseum.

Der Feuersalamander – hier ein Relief in Schloß Blois – war das Wappentier Franz I.

Die Kirchen der Stadt

Wie man erst seit 1928 weiß, erhebt sich die Kathedrale *Saint-Louis* auf einer karolingischen Kirche aus dem 10. Jahrhundert. Wir können ihre Mauern berühren, wenn wir uns in die Krypta *Saint-Solenne* begeben, so benannt nach der alten Kirche, die ihren heutigen Namen erst 1730 erhielt; sie war mehrfach, zuletzt aber nach dem fürchterlichen Orkan von 1678 wiederaufgebaut worden (wenn man sich auch kaum vorstellen kann, daß er sie umgeworfen hat – »renversé« –, wie ein alter Bericht sich ausdrückt). Hinter der Kathedrale liegen die bischöflichen Gärten, deren obere Terrasse von schattigen Promenaden aus einen sehr schönen Blick auf die Unterstadt und die Ufer der Loire gestattet.

Der Bischofspalast stammt aus dem 18. Jahrhundert, der letzte Kirchen-Neubau aus dem 17. Jahrhundert, das ganze Bistum ist sehr jung. Während im übrigen Frankreich viele der alten Bistümer nach und nach aufgelassen wurden, begründete König Ludwig XIV. (1638–1715) noch 1697 das Bistum Blois. Er hatte zuvor auf Drängen seiner letzten Mätresse, der Marquise de Maintenon, das Toleranzedikt von Nantes aufheben und die Hugenotten im ganzen Land unter unmenschlichen Druck setzen lassen; das neue Bistum sollte dem Protestantismus an der Loire entgegenwirken. Der erste Bischof hieß Berthier und hielt es für christlich, den Hugenotten ihre Kinder wegzunehmen, damit sie in einem Strafkloster umerzogen werden konnten. Die kirchlichen Nachschlagewerke übergehen dieses Ungeheuer heute mit betretenem Schweigen; sollte ich einmal mein Buch über menschliche Monstren schreiben, so wäre ihm ein Ehrenplatz sicher.

Als schönste Kirche der Stadt gilt *Saint-Nicolas,* von den alteingesessenen Bürgern Saint-Laumer genannt. Sie wurde 1138 bis 1210 als Abteikirche der Benediktiner von Saint-Laumer errichtet. In den Religionskriegen hatte sie schwer zu leiden, in der Revolution beherbergte sie einen politischen Klub, und erst Napoleon führte sie zu ihrer ursprünglichen Bestimmung zurück.

Die Kirche mit ihrer wechselvollen Geschichte vereint aufs glücklichste romanische und gotische Stilelemente. Der Chor und das Querschiff sind in einem Übergangsstil gehalten. Das Hauptschiff erinnert an die Kathedrale von Chartres, der Chorumgang mit seinen drei Kapellen hingegen läßt an die romanische Kirche von Fontgombault denken. Zwischen dem Kirchenbau und der Loire erstreckten sich früher die Anlagen eines Armenspitals und des Saint-Laumer-Klosters (heute wieder Krankenhausgelände).

Das Schloß

Hauptsehenswürdigkeit von Blois bleibt aber ohne jeden Zweifel das Schloß auf stellenweise steil abfallendem Hügel, hell und prächtig über der kleinen, schattigen Stadt aufragend.

Sobald sich das Auge an die grellen Reflexe des Sandes auf dem Schloßhof und die starken Schatten der Fassaden gewöhnt hat, geht uns das seltsame und zweifellos einzigartige Ganze nach und nach auf. Die Ecke, an der wir den Schloßhof betreten haben, wird durch den langgestreckten, nicht sehr hohen Flügel Ludwigs XII. und den wuchtigen Bau der *Salle des États,* des Ständesaales, gebildet, vor den man eine breite Wendeltreppe gesetzt hat. Dieser älteste Teil des Schlosses ist also nur noch ein einziger Saal, allerdings auf ausgiebigen Untergeschossen ruhend. Er ist ein Überbleibsel der im wesentlichen im 13. Jahrhundert an der Stelle älterer Schloßbauten errichteten Festung der Familie de Châtillon.
Der als letztes der verschiedenen Gemächer restaurierte gewaltige Saal verdient unsere Aufmerksamkeit wegen seiner Abmessungen: Er hat eine Grundfläche von 540 Quadratmetern, also genug, um eine kleine Reihenhausanlage darauf unterzubringen, und ist wegen seiner Höhe und seiner weiten Decke durch sieben Säulen in zwei Schiffe geteilt. An solchen Wänden wirken selbst die großen Tapisserien mit Motiven aus dem Leben Konstantins des Großen, in Paris nach Kartons von Peter Paul Rubens (1577–1640) angefertigt, ein wenig verloren.
An diesem Ort fühlt man sich an den Sängerkrieg auf der Wartburg erinnert, an einen jener mittelalterlichen Liebeshöfe, wo die Herren von Adel mit den Troubadours ungewisser, oft aber ebenfalls nobler Abkunft im Minnedienst wetteiferten. Blois, Schloß wie Stadt, hatte in diesen Aktivitäten eine beachtliche Tradition, nur weiß man leider nicht, ob die überlieferten Dichter namens Guillaume de Blois, Vitalius de Blois und Robert de Blois zu den Schloßherren gehörten oder zu den Gästen. Der erste verbürgte Seigneur unter den Dichtern war Charles d'Orléans (1394–1465), den die Engländer mehr als zwei Jahrzehnte gefangen hielten, so daß er seine Sehnsucht nach der Loire in Gedichten hinaussang. Nach seiner Rückkehr in die Heimat wurde er einer der Mäzene des allzeit bedürftigen François Villon…
Pierre de Ronsard (1525–1585), der große Dichter unter den französischen Klerikern, erlebte bei einer Gesellschaft im Schloß Blois Cassandra Salviati. Ihr Gesang, ihre Anmut beim Tanz, ihre ganze Erscheinung bezauberten ihn in so hohem Maße, daß er nicht aufhören konnte, sie zu lieben, selbst als sie sich 1546 verheiratete. Diese unglückliche Liebe war es, die ihm seine ersten Gedichte eingab. Cassandra stammte aus einer angesehenen Familie der Stadt, deren Palais zwischen dem Schloß und der Loire nahe der heutigen Rue Saint-Lubin lag, also am Fuß der Terrasse, die wir vom Schloß aus betreten können (Terrasse du Foix).
Jener große Ball vom April 1545 fand bereits in einem Schloß statt, das um den heute am meisten bewunderten Trakt erweitert worden war: Franz I. hatte 1515 bis 1524 im glanzvollen Renaissancestil zwei Geschosse auf-

Châteauneuf-sur-Loire. Vom ehemaligen Schloß, das dem Ort seinen Namen gab, existiert heute nur noch ein Nebenflügel, in dem sich das Rathaus des Ortes befindet.

Detail aus Schloß Blois: das Stachelschwein, Emblem Ludwigs XII.

Die »Galerie David d'Angers« ist in einer ehemaligen Abteikirche aus dem 13. Jahrhundert untergebracht. Das Gewölbe der Kirche wurde nach dessen Einsturz 1815 durch ein großes Glasdach ersetzt.

führen lassen, die von außen her, von der Place Victor-Hugo, noch italienischer wirken als im Rahmen der übrigen Bauten des Schloßganzen vom Hof aus gesehen. Dieser Flügel wurde, wie man noch heute deutlich sehen kann, auf ziemlich barbarische Weise gestutzt, um Platz für den klassischen Bau Mansarts zu schaffen. Dadurch rückte auch der vielbewunderte Treppenturm, der in der optischen Mitte stehen sollte, nun an die linke Seite. Man erkennt, daß die großzügige Wendeltreppe in einem achteckigen Turm untergebracht ist. Das ganze ist zu kunstvoll, um primär zweckhaft zu sein; es ist ein Gedankenspiel, ein architektonisches Bravourstück, wie es dieser Zeit und ihrer spielerischen Lebensauffassung besonders lag; an militärische Belange hatte dabei niemand gedacht, eine einzige Kanonenkugel hätte wohl das zierliche Pfeilerwerk zerstört.

Mag die Treppe noch Spiel sein, in den Zimmern der beiden Etagen wird es dann bitterer, ja blutiger Ernst. In den unteren Gemächern lebte lange Zeit die Gattin Heinrichs II., Katharina von Medici, die Bankierstochter aus Florenz, wie ihre Gegner sie nannten, obwohl die Medici natürlich durch fürstliche Herrschaft, kluge Politik, großes Verständnis für die Wirtschaft und durch die Päpste ihrer Sippe aufgestiegen waren und keineswegs mit dem Geldadel späterer Jahrhunderte zu vergleichen sind.

Im ganzen ist das kleine Reich der großen, bösen Frau überaus sehenswert: nicht so sehr wegen der 237 verschiedenen Holzfelder der Täfelung in ihrem Arbeitszimmer, sondern weil man so prächtig erkennen kann, was sie benötigte, um die schwere Bürde ihrer Verantwortung als Frau in einer Männerwelt tragen und zugleich mit ihrem Gewissen fertig werden zu können. Eine Tür führt von einem kleinen Schlafgemach auf den Balkon einer Schloßkapelle, die naturgemäß klein, aber äußerst stilvoll ist und, um das Allerheiligste gesammelt, gewiß Beruhigung zu geben vermochte. Eine andere Tür aber führt in ein seltsames Turmgemach, also quasi in ein Stück Mittelalter mit zwei Meter dicken Mauern. Ob oben auf dem Turm tatsächlich eine Sternwarte untergebracht war, ist nicht sicher. Aber daß in dem Turmgemach Ruggieri lebte, Katharinas ständiger Berater und Hausastrologe, das sieht man nicht nur an den kabbalistischen Zeichen, das atmet der ganze Raum noch heute. Hier fielen die Entscheidungen, die dann so viel Blut kosteten, hier rang ein Weiser mit einer machtbesessenen Frau in vielen Gesprächen.

In der Etage über Katharinas Gemächern befinden sich die Zimmer König Heinrichs III., jenes seltsamen Valois, der sich durch seine Günstlinge so unbeliebt machte. Seiner homosexuellen Neigungen wegen entstand um ihn ein geradezu bizarrer Hofstaat, vor allem wohl, weil in Frankreich der König stets auch in Dingen der Mode, der Lebensführung, der Eßgewohnheiten und so fort den Ton angab. Auch wer völlig normal empfand, trug sich in diesen Jahren wie die schillernden Günstlinge des Monarchen, und die mächtige katholische Familie der Guise, deren Mitglieder sich am liebsten wie spanische Granden gebärdeten und in strengem Schwarz gingen, traten aus moralischen und religiösen Gründen bald in scharfe Opposition zu dem an Glaubensfragen nicht sonderlich interessierten Heinrich III.

Die Zimmer des Königs wurden darum Schauplatz sinistrer, ja blutiger Ereignisse, die den Auftakt zu großen Kriegen und zum schließlichen Übergang der Macht von den Valois auf die Bourbonen führten: Heinrich III. ließ hier am 23. Dezember 1588 den Herzog von Guise und damit das Haupt der katholischen Partei ermorden.

Es war eine Untat, vergleichbar mit der Ermordung Wallensteins, wenn man auch zugunsten Heinrichs III. anführen kann, daß Guise ihn, den Sünder und wankelmütigen Toleranzkönig, mit Hilfe der spanischen Armeen entthronen und Frankreich ein neues Herrscherhaus geben wollte. Bei den Führungen werden die Ereignisse mit unzulässigen Details rekapituliert, denn die Verteilung der Räume ist nicht mehr jene vom Jahr 1588. Aber die großen Verbrechen der Geschichte bilden eben ihre Legenden, und diese Legenden wiederum interessieren das Publikum nicht so sehr wegen ihrer geschichtlichen Bedeutung als vielmehr um ihrer Schauplätze, der Schlösser, willen.

Da den Franzosen die Mittagspause heilig ist, wird man so rechtzeitig aus dem Schloß hinauskomplimentiert, daß man noch einen kleinen Stadtrundgang absolvieren und sich dann nahe der Loire – in der Avenue du Maréchal de Lattre oder an der Promenade du Mail – eines der guten Restaurants suchen kann. Unweit des Weges dorthin liegt in der Rue Saint-Honoré Nr. 8 ein hübsches Renaissancepalais, genannt *Hôtel d'Alluye,* das sich vor beinahe fünfhundert Jahren ein Schatzmeister König Karls VIII. erbauen ließ. Er hieß Florimond Robertet, Baron d'Alluye, und muß trotz dieses schönen Besitztums ein ehrlicher Mann gewesen sein, denn auch Ludwig XII. und Franz I. schätzten noch seine Dienste.

Nach Tisch kehren die Eifrigen abermals ins Schloß zurück, denn es birgt ja nicht nur historische Erinnerungen und Prunkräume, sondern auch zwei Museen. Das eine beherbergt die Gemäldegalerien, das andere eine Sammlung religiöser Kunst. Das *Musée des Beaux Arts* bietet keine Sensationen, aber dem Kundigen doch willkommene Ergänzungen des Bekannten: So finden sich neben Fresken und Seidenmalereien im ersten Saal eine ganze Reihe von meisterlichen Holztafelmalereien aus dem 16. Jahrhundert und in der Galerie des 19. Jahrhunderts so manches bei uns unbekannte Beispiel der sogenannten Salonmalerei: Théodore Chassériau, (1819–1856) neben Werken von Jean Auguste Dominique Ingres (1780–1867), Jacques Louis David (1748–1825) und dem immer sehenswerten Eugène Isabey (1803–1886).

Der Bildhauer David d'Angers (1788–1856) schenkte seiner Heimatstadt Angers den Großteil seiner Werke. In der »Galerie David d'Angers« werden die Statuen und Büsten des Künstlers in ansprechender Weise gezeigt.

Die Brücke nach Vienne

1940 hat wohl so mancher, der Frankreich liebte, heimlich um die Loirebrücken gezittert, waren sie doch doppelt gefährdet: zuerst durch die deutsche Luftwaffe und dann, als die deutschen Armeen an der Loire standen, durch die Franzosen selbst. Daß sich die schöne Brücke von Blois, eine Schöpfung des frühen 18. Jahrhunderts, dennoch erhalten hat, ist ein kleines Wunder. Sie verbindet Blois mit seinem alten Vorort Vienne, der mit Blois nicht wetteifern kann, aber doch mehr ist als ein Brückenkopf.

Zu beiden Seiten der Loire, südlich der Brücke und zwischen dem Nordufer und der Kathedrale, erstrecken sich die sehenswerten Altstadtviertel, in denen man die schönsten Abendspaziergänge machen kann und noch so manches alte Haus entdecken wird.

Bourges

In allen Städten des mittleren Frankreichs gewinnt man den Eindruck, daß sich die normale Bewegung auf Überlandstraßen und Autobahnen nur darum in so angenehmen Grenzen hält, weil die Städte zu einer beinahe absurden Betriebsamkeit aufgelaufen sind. Blois oder Tours beweisen dies am deutlichsten, aber auch die etwa achtzigtausend Einwohner von Bourges scheinen hunderttausend Autos zu besitzen und vierundzwanzig Stunden am Tag unterwegs zu sein. Inmitten all dieses Geschiebes und Gebrummes ragt das Bauwerk auf, das den Ruhm von Bourges ausmacht und die Fremden in die Stadt lockt: die Kathedrale.

Es war nicht immer so; das alte Avaricum, die Biturigerhauptstadt zwischen Auron und Yèvre, galt schon Cäsar als ein wichtiger zentraler Stützpunkt, und in Frankreichs düsterster Zeit, während des Hundertjährigen Krieges gegen England, war Bourges Frankreichs Hauptstadt. Den König nannte man höhnisch entweder »Le Roi de Bourges« oder, da die Krönungsstadt Reims für ihn unzugänglich war, schlicht den Dauphin, also den Thronfolger.

Die Kathedrale

Als im Jahr 1837 der Dichter und Weltmann Prosper Merimée (»Carmen«) auf seiner Inspektionsreise auch nach Bourges kam, notierte er, daß die gewaltige, wenn auch nicht völlig stilreine Kathedrale als eine der schönsten Kirchen Frankreichs aller Fürsorge wert sei. Diese brauchte sie auch, denn die Stadt hatte 1487 und 1693 unter katastrophalen Bränden in einem Maße gelitten, daß sie ihre frühere Bedeutung nie wiederzuerlangen vermochte; von dieser zeugt neben anderen Gebäuden das Palais des Großkaufmanns Jacques Coeur in der nach ihm benannten Straße, vor allem aber eben die Kathedrale.

In der heutigen Unterkirche erkennen wir aus einer kleinen Krypta, daß die heutige Kirche auf dem Platz eines karolingischen Gotteshauses errichtet wurde, das um 1150 beträchtlich ausgebaut worden war. Die berühmte gotische Kathedrale gilt in erster Linie als eine Schöpfung des Erzbischofs Henri de Sully, der einem genialen Baumeister Auftrag und Möglichkeit zu diesem Werk gab. Dieser Maître de Bourges (über seine Person ist nichts bekannt) hatte während der langen Bauzeit uns ebenso unbekannte Nachfolger, ehe *Saint-Etienne* am 5. Mai 1324 von Erzbischof Guillaume de Brosse geweiht wurde. Danach folgten nur noch nachteilige Veränderungen: 1562 plünderten die Protestanten das Gotteshaus, im 18. Jahrhundert fand man die Empore unmodern und entfernte sie, und im 19. Jahrhundert wurden im Zuge gutgemeinter Restaurierungsarbeiten weitere überflüssige Veränderungen vorgenommen.

Aber die großen Kathedralen unseres Nachbarlandes verdanken ihre Wirkung auf uns ja keineswegs den Einzelheiten, und die Touristengruppen, die von einem Altar zu einem

bunten Fenster und dann weiter zum Kanzelpfeiler gehetzt werden, können einem nur leid tun. Das Haus Gottes will als Ganzes aufgenommen werden, und setzt man sich in einer Stunde ohne Andrang allein auf eine der Bänke, um das 124 Meter lange Riesenschiff aus Stein auf sich wirken zu lassen, dann hat man mehr von Sankt Stephan zu Bourges begriffen, als jedes Tympanon oder Portal für sich aussagen könnte.

Natürlich ist die Kathedrale wie jede bedeutende Kirche aber auch ein lohnendes Studienobjekt, mit der eine ganze Diözese durch die Jahrhunderte lebte. Die Bürger der Bischofsstadt haben ihre besonderen Bezeichnungen für beinahe jedes wichtige Teil dieser einzigartigen Kathedrale: Ein Turm, der nie eine Glocke erhielt, heißt »La Tour Sourde« (der taube Turm, ist aber eigentlich eher stumm zu nennen); ein anderer, der »Butterturm«, konnte nicht vollendet werden, weil der Untergrund nachgab. Der beherrschende Eindruck im Inneren wird durch die Glasmalereien des 14. Jahrhunderts erzielt, insbesondere durch eine Komposition von 150 Quadratmetern Fläche, als deren Urheber Guy de Dampmartin (gestorben um 1398) gilt. Er wie sein Bruder Drouet gehörten dem Stab be-

Ein Blick über den Cher auf Schloß Chenonceau.

Besondere Aufmerksamkeit verdienen die Kapitelle der romanischen Abteikirche Saint-Benoît-sur-Loire: ungewöhnlich aufwendig gestaltete Pflanzenornamente wechseln mit Figurenszenen und Tiergestalten.

deutender Künstler an, die der Königsbruder, Herzog Jean de Berry (1340–1416), für verschiedene künstlerische Arbeiten einsetzte; Drouet, der 1413 in Jargeau an der Loire starb, scheint dabei mehr als Architekt gearbeitet zu haben. Die Motive der großen Glaskomposition gehen auf genaue Angaben des kunstsinnigen Herzogs zurück, der im Mittelpunkt den Heiligen Geist als Taube sehen wollte und rundherum die zwölf Apostel mit den sie symbolisierenden Motiven. Macht man die Runde durch die achtzehn Kapellen und die Apsis, so sieht man sich in einer Art Dauerausstellung spätmittelalterlicher Sakralkunst hochbegabter Spezialisten der Glasmalerei.

Zentrum der Künste

Wo solch ein Mäzen wirkt, wo so reiche Kaufleute wie Jacques Coeur, der Tuchhändler Lallemant oder die Noblesse de Robe wie die Familie Cujas sich ihre Paläste bauen, da zieht es naturgemäß die Künstler hin. In der für eine Krypta sehr gut erhaltenen Unterkirche unter dem Chor ruht der Herzog als Gisant auf schwarzem Marmor, Jacques Coeur hingegen, von seinem Vaterland ungerecht behandelt, liegt in fremder Erde begraben. Er hatte neben vielen anderen Künstlern vor allem den großen Maler Jean Fouquet (1420–1481) unterstützt.

Auch in den Folgejahren blieb Bourges eine Kunststadt par excellence mit dem Glasmaler Jean Lescuyer, mit Ingres, der lange in Bourges arbeitete, und mit Berthe Morisot und ihrer ebenfalls malenden Schwester, die als Töchter des Präfekten in Bourges zur Welt kamen. Die Welt der Bücher hat mit dem Drucker und Humanisten Geoffroy Tory (1480–1533) Bourges zu erobern begonnen. In den Zeiten der von Ludwig XI. gegründeten Universität von Bourges weilten Calvin, eigentlich Jean Cauvin (1509–1564), Théodore de Bèze (1519–1605) und der Hellenist Melchior Wolmar in der Stadt. Später waren es Balzac, Stendhal (1783–1842) und Jules Michelet (1798–1874), die ihr Herz für Bourges entdeckten. Die Schriftsteller Henri Alain-Fournier (1886–1914, »Le Grand Meaulnes«) und Georges Bernanos (1888–1948) gingen hier zur Schule.

Bourges hatte um 1900 eine Einwohnerzahl von 42 000, um 1950 waren es 45 000, heute hat die Stadt 80 000 Bewohner. Nach einem Wachstum um 3000 in einem halben Jahrhundert nun also die Explosion in den letzten Jahren; aber die Kathedrale an dem kleinen Park der Erzbischöfe, sie ist glücklicherweise eine Oase der Stille, der Besinnung geblieben.

Orléans

Unmittelbar nördlich der Stadt liegt der nach Paris bedeutendste Eisenbahnknotenpunkt von Frankreich, und dazu hat sich nun auch noch ein Straßennetz gesellt, das für ganz Frankreich buchstäblich zentrale Bedeutung hat: Die auf dem halben Weg nach Chartres abzweigende Südautobahn gestattet es,

Orléans von Paris aus in einer Stunde zu erreichen; sie berührt die Loirestadt im Nordwesten, führt weiter nach Blois, Tours und über Poitiers nach Bordeaux. Eine nach Süden führende Autobahn über Bourges nach Clermont-Ferrand ist im Bau, und eine derzeit heillos überlastete Spange über Montargis verbindet diese Autobahnsysteme mit der Burgundautobahn Auxerre-Beaune-Lyon.

Schloß Langeais hat mit seiner von Türmen flankierten Zugbrücke einen trutzigen Charakter.

Aus der Stadtgeschichte

Die Gunst einer zentralen Lage hat – wie die Geschichte zeigt – Nachteile. Das alte Cenabum war das Herz des großen Gallieraufstands gegen Julius Cäsar im Jahre 52 v. Chr. und büßte dafür mit der Abschlachtung aller seiner Einwohner. Auf den 27 Hektar der Keltenstadt errichtete Cäsar eine römische Metropole, die Aurelianum genannt wurde, woraus Orléans leicht abzuleiten ist. 451 belagerte Attila die Stadt, wurde von einem tapferen Bischof aber so lange hingehalten, bis das römisch-germanisch-gallische Entsatzheer heranrückte, und als die Loire-Städte sich 1428 eine um die andere so gut wie widerstandslos den Engländern ergaben, bildete Orléans die Ausnahme. Es hatte sich seit zehn Jahren emsig seiner Befestigungen angenommen und war nach Meinung aller königlichen Räte der Ort, wo das Heldenmädchen Jeanne d'Arc dem Hundertjährigen Krieg die entscheidende neue Wendung geben könnte: Am 29. April 1429 übernahm Jeanne eine Kampfgruppe an einem besonders wichtigen Punkt der Stadtbefestigung, am 8. Mai zogen schließlich die Briten ab – ein Tag, der seither alljährlich in Orléans feierlich begangen wird.

Mit einigem Recht vergißt man neben dieser siegreichen Jungfrau einige andere Damen, die man in Orléans antreffen kann: Die fünf weiblichen Figuren aus dem Schatz von Neuvy etwa, Teile eines Hortfundes, der 1861 bei Neuvy-en-Sullias bei Jargeau gelang und heute in Orléans das historische Museum ziert. Der Schatz besteht aus einem herrlichen Bronzepferd, einigen anderen Tieren und den Statuetten, von denen Salomon Reinach, Direktor des Museums von Saint-Germain-en-Laye (westlich von Paris) sagte, sie seien so dünn und asexuell, daß es sich um einen Import handeln müsse. Kein bodenständiger gallischer Künstler hätte solche Frauen schaffen können. Reinach, Freund und Mäzen von Liane de Pougy, nach dem Journal der Goncourts Frankreichs schönste Frau der Belle Epoque, hatte damit ein Verdikt gesprochen, und bis heute interessieren sich nur die staunenden Touristen für die spindeldürren, ekstatisch sich reckenden heidnischen Gottheiten, die vermutlich schon im 4. Jahrhundert zusammen mit anderen Kunstgegenständen vergraben wurden.

Die zweite Jungfrau neben Johanna von Orléans ist die »Vierge noire«, die schwarze Madonna des Vorortes Saint Paul. Sie beschützte diesen Teil der Stadt bei einem Normannenangriff im 10. Jahrhundert und ent-

ging am 29. April 1562 einem hugenottischen Versuch, sie zu rauben. Ja die drei Soldaten, die den Frevel begangen hatten, wurden von ihrem protestantischen Kommandanten am nächsten Morgen zum Tod durch den Strick verurteilt. Im Zweiten Weltkrieg wurde Saint Paul von amerikanischen Bomben eingeäschert, nur die Kapelle *Notre-Dame-des-Miracles* mit der Schwarzen Madonna blieb wie durch ein Wunder unversehrt.
1870 war Orléans ein Schauplatz eher grotesker Kriegsereignisse – ein Nachrichtenballon erreichte Norwegen, nicht aber Paris; die Deutschen glaubten an eine französische Westarmee vor Orléans, die es gar nicht gab, und dachten schon daran, die Belagerung von Paris aufzuheben. 1940, als die deutsche Offensive die Loire erreichte, und 1944, als die Amerikaner nach Paris vordrangen, ging es nicht so glimpflich ab, und das mittelalterliche Herz der Stadt mit seinen krummen Gassen, Torbogen, Durchhäusern und kleinen Brunnenplätzen verschwand für immer, von allen Kundigen betrauert. Da das Mittelalter nur unter immensen Kosten wiederherzustellen gewesen wäre, erhob man das 18. Jahrhundert zur Maxime für den Wiederaufbau, sparte aber nicht an Arkaden, um wenigstens einen Abglanz des alten Orléans wiederzuerhalten. Man hat die Baumaßnahmen wohl erwogen, und auf der alten Rue Royales läßt sich heute wieder wunderbar promenieren, von der Place du Martroi im Herzen von Orléans bis zu der Loirebrücke George V.

Die Sehenswürdigkeiten

Im alten Stadtgrund, so lebhaft er heute auch von modernen Verkehrsmitteln genutzt wird, verkörpern Kirchen mit Fundamenten und Krypten die Vergangenheit der Stadt, brachte doch eine Tiefgrabung von 1937/1938 eine kleine gallisch-römische Basilika aus dem 4. Jahrhundert zum Vorschein. Die Kathedrale litt unter den kriegerischen Wirren und den dadurch notwendig gewordenen Ausbesserungen, doch weisen die neun Kapellen noch den Charakter des Gotteshauses aus dem 13. Jahrhundert auf. Selbst Teile des Gestühls aus dem frühen 18. Jahrhundert haben wie durch ein Wunder die Flächenbombardements der Alliierten überstanden. Von den Museen ist das kleine *Jeanne-d'Arc-Museum* zu einer Domäne der Schulklassen geworden, für die man hier instruktive Dioramen aufgestellt hat (Place du Général de Gaulle). Mindestens ebenso bemerkenswert ist die Gemäldegalerie im *Musée des Beaux-Arts* an der Place de la République. Es profitierte von der Kunstpolitik des großen Korsen Napoleon Bonaparte, der den Generalinspektor der Museen in Paris, Dominique-Vivant Denon (1747–1825), die Bestände des Louvredepots auf die französischen Provinzstädte verteilen ließ, so daß Orléans gerade an französischen Meistern heute besonders reich ist – neben den wohlbekannten Größen wie Jacques Louis David (1748–1825), Jean Baptiste Greuze (1725–1805) oder Jean-Marc Nattier (1685–1766) finden sich van Loo, Hyacinthe Rigaud (1659–1743) und der als Vorläufer der Salonmalerei oft ungerecht beurteilte Antoine Coypel (1661–1722). Die graphischen Sammlungen dürfen sich ebenfalls sehen lassen mit einem Bestand von etwa fünftausend Originalen und dreißigtausend Kupferstichen, Radierungen und vergleichbaren Blättern.

Was nun die Berühmtheiten und ihre Schicksale in der Stadt selbst betrifft, so ergeht es Orléans nicht viel besser als Augsburg vor den Toren Münchens: Zu nah an der attraktiven Millionenstadt Paris gelegen, hat es so manchen seiner Söhne wie etwa den Dichter Charles Péguy (1873–1914) sehr bald an die Metropole abgeben müssen. In dem Bestreben, den Poeten durch eine eigene Straße zu ehren, brach man diese so eifrig durch, daß dabei auch das Geburtshaus von Péguy in Trümmer fiel. Einen gewissen Ausgleich für die Abwanderungen brachte die Tatsache mit sich, daß Orléans als Garnisonsstadt viele Wehrpflichtige aus Paris innerhalb seiner Mauern sah. Vor allem Marcel Proust (1871–1922), an den eine Straße am Nordrand der Innenstadt erinnert, soll sich in der Colignykaserne sehr wohl gefühlt haben.
Südlich der dem englischen König Georg V. gewidmeten Loirebrücke ist ein neuer Stadtteil entstanden mit Partien, die mehr New Orleans als La Nouvelle Orléans geworden sind. Indessen muß man, um gerecht zu sein, sagen, daß die Franzosen sich hier wie etwa auch in Le Havre als geschickte Urbanisten erwiesen haben mit bestechenden Kombinationen von Campuslösungen, Dauergartenschauen und Quellenarchitektur, die an die Nymphäen von Nîmes und Montpellier erinnert.
Merken wir zum Schluß noch an, daß hier in Orléans eine Art Huckepackverkehr praktiziert oder vielleicht sogar erfunden wurde. Jedenfalls können wir mit Gewißheit sagen, daß die vielreisende und vielschreibende Marie Marquise de Sévigné (1626–1696) die Gewohnheit hatte, von Paris bis Orléans in ihrer gewohnten Karosse zu reisen, die hier dann auf eines der großen, flachgehenden Loireschiffe gestellt und in Angers oder Nantes schließlich wieder an Land gesetzt wurde.

Der Abend senkt sich über die majestätisch dahinfließende Loire. In vergangenen Jahrhunderten war der Fluß ein bedeutender Verkehrsweg, heute finden sich auf dem weitgehend unregulierten Wasserlauf vorwiegend Freizeitsegler.

Das Städtchen Gien am Nordufer der mittleren Loire liegt heute wieder freundlich vor uns. Es ist eine Art Phönix aus der Asche: 1940 seines alten Zentrums beraubt, ist der Erholungsort mit viel Geschmack wieder aufgebaut worden und bietet mit seinen langen, sonnigen Uferpromenaden ein Bild des Friedens.

Nachfolgende Doppelseite:
Die Loire bei Saint Mathurin, etwa 20 Kilometer östlich von Angers. Hier ist sie so, wie die Franzosen ihren Fluß lieben: still dahinfließend zwischen viel Grün und flachen, bewaldeten Hügeln.

Sully-sur-Loire, eindrucksvoll und düster, liegt am Ostrand der Touraine und an dem südlichen, sandigen Ufer der Loire.
1602 wurde es von Maximilien de Béthune erworben, dem genialen Minister, dem Heinrich IV. ein Gutteil seiner Erfolge verdankte. Ein Meisterwerk ist die Konstruktion des Dachstuhls aus Kastanienholz. Die Hölzer wurden so verlegt, daß sie gut belüftet werden konnten, aus diesem Grunde sind sie bis heute unversehrt erhalten geblieben.

Trotz seiner Türme war Chambord keine Festung, sondern das prächtigste Lustschloß des lebenslustigen Königs Franz I. aus dem Hause Valois. Er liebte Chambord ganz besonders, hielt sich häufig hier auf und ließ sein Leben lang an Treppen und Gemächern bauen. Der Schloßpark wie das Gebäude waren oft Schauplätze glanzvoller Feste. Auch noch unter König Ludwig XIV., als Molières Komödien hier aufgeführt wurden.

Das berühmte »Treppenwunderwerk« von Chambord. Dieses Treppenhaus befindet sich im Inneren des dreigeschossigen Donjon. Das Besondere an dieser noch heute sehr bestaunten Konstruktion ist, daß Hinauf- und Hinuntergehende auf getrennten Windungen aneinander vorbeigeführt werden.

Nachfolgende Doppelseite:
Cosson und Loire sind die Wasserflächen, aus denen im Frühjahr und im Herbst Nebelschwaden auf Schloß Chambord zutreiben und es auf diese Weise vollends zu einem Märchenschloß machen.

Straßendamm in den Loireauen östlich von Angers. Hier hat der Fluß wenig Gefälle und bildet Inseln, aber auch zahlreiche tote Arme.

Die weite und fruchtbare Ebene der Touraine zwischen Schloß Chinon am Flüßchen Vienne und der uralten Stadt Loudun, berühmt durch einen Hexenprozeß. Sehr viel Geschichte, und dazwischen der Frieden grüner Felder.

Uferzeile und Brücke von Blois, vom Südufer der Loire aus gesehen. Man erkennt die nach den Kriegsschäden stilvoll rekonstruierten Häuserfronten. Die Brücke stammt aus dem Jahre 1724.
Die Kirche Saint-Nicolas, eine ehemalige Abteikirche (oben), geht auf das 12. Jahrhundert zurück.

Eines der häufigen heraldischen Motive aus den Fenstern von Blois (oben). Nach manchen Deutungen ist es ein *chien rampant* (jagender Hund), nach anderen ein Hermelin. Es ist das Wappentier von Anne de Bretagne, der Gemahlin Ludwigs XII.

Teilansicht der Fassade des Louis-XII.-Flügels von Blois mit der Reiterstatue des Königs. Sie wurde nach der Zerstörung im Jahre 1792 originalgetreu von dem älteren der Bildhauerbrüder Seurre (1795–1867) nachgebildet.

Geflügelte Untiere und fromme Standbilder finden sich nebeneinander unter den abenteuerlichen, kunstvoll gestalteten Wasserspeiern und an den reich gegliederten Mauerpfeilern der Außenfassade von Schloß Blois.

Innenansicht der 1957 wieder aufgebauten Kapelle Saint-Calais im Schloßbereich von Blois mit den neuen Glasfenstern von Max Ingrand.

Der Bau von Cheverny wurde 1626 begonnen, als in Deutschland der Dreißigjährige Krieg wütete. Es ist vermutlich das besterhaltene Renaissanceschloß Europas, nicht groß, aber vollendet harmonisch. Das kleine Bild zeigt einen Teil der berühmten Meute von etwa 80 Jagdhunden des Marquis de Vibraye, dessen Familie Cheverny noch heute besitzt.

Seit 1825, als der Marquis Hurault de Vibraye das Familienschloß wieder erwerben konnte, ist Cheverny Gegenstand besonderer Pflege. Seine Ausstattung besteht aus Mobiliar und Dekorstücken, die zum Teil von großem Seltenheitswert sind.

Der langsam fließende Cher ist der stillere Bruder der breiten Loire. Die Abbildung oben zeigt, daß sich am Ufer noch die alten Treidelpfade erhalten haben.
Rechts: Am Cher in der Nähe des Schloßdorfes Chenonceaux.

Gegenüberliegende Seite:
Blick auf die Loire im Abendlicht von Schloß Amboise aus.

Die Pagode von Chanteloup, heute an einsamen Waldstraßen gelegen, war einst das Wahrzeichen jenes Musenhofes, den der Ministerpräsident Choiseul, der von Marie Antoinette (1755–1793) davongejagt wurde, um sich versammelt hatte.

Das Schloß von Amboise, am Südufer der Loire gelegen.

HOTEL DU LION D'OR
le lion d'Or

Vorhergehende Doppelseite: Die verschwiegenen Ufer des Flusses Cher. Im Hintergrund erhebt sich aus dunklen Wäldern hell leuchtend das Schloß Chenonceau.

Schloß Chenonceau, wie die Welt es kennt: Rechts der Brückenpavillon, in der Mitte das alte Schloß, das der Schatzkämmerer Thomas Bohier und seine Frau Catherine Briçonnet erbauen ließen. Daran schließt sich links, nach Norden, die berühmte Galerie an, durch die das Schloß zur Brücke über den Cher wird. Chenonceau erwies sich als würdige Residenz für die schöne Diana von Poitiers.

Westlich und östlich von Saint-Aignan windet sich der Cher fast ohne Gefälle mäandrisch durch breite Auen. Sie sind wegen der Hochwassergefahr so gut wie unbesiedelt: ein Naturpark für Wasservögel, mit Weiden und anderen wildwachsenden Bäumen.

Der Cher fließt gesittet durch die alte Herzogstadt Saint-Aignan.

Die imposante Brücke von Montrichard, der malerischen Templerstadt, mit dem alten Häuschen des Brückenzöllners am Nordufer.

RESTAURANT

Schloß Montpoupon nahe der Hauptstraße von Montrichard nach Loches. Poupon ist ein Kosewort und bedeutet Püppchen. Diese Bezeichnung erklärt sich aus der Tatsache, daß eine Prinzenerzieherin sich auf diesem Schloß eingerichtet hatte.

Nachfolgende Doppelseite:
Ein reifes Sonnenblumenfeld unweit von Schloß Montrésor am Flüßchen Indrois. Es fließt an dieser Stelle mit dem Olivet zusammen.

Am Südrand der Touraine, auf halbem Weg zwischen Loches und Bourges, liegt eines der prächtigsten Schlösser dieser Landschaft: Valençay. Im Jahre 1540 aus einer reichen Mitgift errichtet, hatte es 1803 der schillernde Minister Talleyrand erworben. Er ließ es großzügig ausbauen und machte es zur Stätte seiner glanzvollen Empfänge.

Nachfolgende Doppelseite:
Wälder und Lichtungen umgeben das einstige Jagdschloß Gué-Péan nördlich des Cher, das hier im Nebel zu versinken scheint.

Hügelrücken beim Pont Barré. Hier fanden 1793 im Rahmen der Französischen Revolution blutige Abwehrkämpfe gegen die Royalisten aus der Vendée statt.

Schloß Brissac im Anjou, in den Jahren 1606 bis 1621 von Charles de Cossé, Marschall von Frankreich, erbaut und seither im Besitz seiner Familie.

Wegemarke in Form einer steinernen Pyramide an der alten Route de Saint Georges d'Amboise. So wurden die Kreuzungen in dem lange Zeit verwilderten Wald von Loches bezeichnet.

Die alte Burg von Loches, eine Festung aus den Zeiten des Fulco Nerra aus dem Hause Anjou. Sie war später Residenz der schönen und charaktervollen Agnes Sorel (1422–1450), der Mätresse Karls VII.

Beim von Pappeln gesäumten Flüßchen Indrois, einem Nebenfluß der Indre.

Die Chartreuse du Liget im Wald von Loches. Es sind die Reste einer Klostergründung, mit der Heinrich II. Plantagenet die Ermordung seines Kanzlers (1170), des Erzbischofs Thomas Becket, sühnen wollte.

An einer Bucht der Indre, unweit von Chinon, liegt Azay-le-Rideau, das anmutigste Schloß der Touraine. Es wurde 1518 bis 1528 für einen Finanzminister König Franz I. auf älteren Fundamenten errichtet und besticht nicht nur durch die reizvolle Lage und die Eleganz seiner Architektur, sondern auch durch viele geschmackvolle Einfälle im Innenausbau und der Einrichtung.

Die Abbildung oben zeigt die romanische Klosterkirche von Cunault, die der Schriftsteller Prosper Merimée im 19. Jahrhundert durch sein Engagement vor dem Verfall gerettet hat.

Abendstimmung in den Loireauen in der Nähe von Langeais.

Die Abbildungen zeigen die romanische Kirche Notre-Dame des Fluchtklosters Cunault: Um die Reliquien des heiligen Philibert vor den Normannen zu retten, hatten Mönche sie von der Küste landeinwärts gebracht und im 9. Jahrhundert den Ort Cunault gegründet.

Das Schloß von Ussé liegt am Zusammenfluß von Indre und Loire in den hügeligen Ausläufern des Waldes von Chinon. Es wurde 1535 vollendet und ist ein steingewordenes Märchen zwischen Teichen, Hecken und kleinen Parks. Dieses Wunderwerk soll den Dichter Charles Perrault (1628–1703) zu seiner französischen Version des Märchens von Dornröschen angeregt haben.

5 RIVARENNES
15 AZAY-LE-RIDEAU
21 VILLANDRY
HUISMES
CHINON
AVOINE 12
BOURGUEIL 16
STOP

Im 17. Jahrhundert wurde Ussé durch ein Wohngeschoß im italienischen Stil erweitert und erhielt auch seine reiche Innenausstattung. Sie wurde später durch Gobelins und Mobiliar aus dem 18. Jahrhundert ergänzt.

Der Chor mit Gitter aus dem 14. Jahrhundert in der Kirche Sainte-Trinité in Vendôme.

Im Innern der alten Abteikirche Sainte-Trinité in Vendôme. Sie vereint in sich auf das Glücklichste die Sakralstile des französischen Mittelalters.

Die wehrhaften Schlösser Saumur (links) und Langeais (oben) beherrschten früher wichtige Übergänge über die Loire.

Saint-Gatien von Tours, von den Bürgern der Stadt zärtlich La Gatinnaise genannt, ist mehr als eine Kathedrale, sie ist ein Denkmal des frühesten Christentums in Frankreich. Die mächtigen Türme ruhen auf gallo-romanischen Fundamenten. Bereits im 4. Jahrhundert nämlich war Tours das Zentrum der Missionsarbeit des heiligen Martins. Die starke Betonung der aufstrebenden Pfeiler ist ein romanisches Element, die Fassade ist spätgotisch, die Turmkronen weisen bereits voraus in die Renaissance: Ein Dom aus dem ersten christlichen Jahrtausend in Frankreich.

Saint-Gatien in Tours: Eine Innenansicht des Hauptschiffes aus dem 14. und 15. Jahrhundert (links). Ein besonderer Schatz des Domes sind seine Glasfenster (oben).

Friedhof in den berühmten Layon-Weinbergen bei Angers.

Die sogenannte Feengrotte, eine der größten Dolmenreihen (Steinzeitgräber) Europas bei Mettray, nördlich von Tours. Die Grabstätte mit einer Höhe von 3,7 Metern und einer Länge von 11 Metern besteht aus insgesamt 12 gleichmäßig behauenen Steinen.

Schloß Villandry, ein Renaissancebau, liegt 17 Kilometer von Tours entfernt, wo Loire und Cher bereits in einem gemeinsamen Tal fließen. Es wurde um 1530 bis 1532 auf älteren Fundamenten errichtet. Die Südwestecke des Schlosses bildet ein mächtiger Donjon, der von dem Feudalschloß des 14. Jahrhunderts erhalten geblieben ist. Renovierung und Innenausstattung verdankt Villandry einem vermögenden Arzt und Pharmaproduzenten mit Kunstsinn und viel Geschmack.

Schloß Villandry, zunächst von einem englischen Park umgeben, ist heute berühmt wegen seiner kunstvollen Garten- und Terrassenanlagen im französischen Stil.

Le Plessis-Bourré ist eines der Schlösser, die Angers umgeben, und es ist eines der schönsten des Anjou. Von 1468 bis 1473 erbaut, vereint es auf gelungene Art den Charakter einer Festung mit dem eines Wohnschlosses. Daneben birgt es eine bemerkenswerte Sammlung von Möbeln aus dem 16. Jahrhundert.

Zwischen Cunault und Saint-Rémy-la-Varenne durchfließt die Loire auf dem Weg nach Angers eine besonders reizvolle Uferlandschaft. Auf dem Nordufer bei La Ménitré ragen Baumwuchs und Sandbänke oft weit in den Fluß hinein.

Ein Fachwerkhaus in der Stadt Saumur.

Schloß Chinon, auf einem Felsenrücken über dem Fluß Vienne gelegen, ist mit einer Länge von mehr als 400 Metern eines der größten seiner Art. Hier trafen im Frühjahr 1429 Jeanne d'Arc und der Dauphin, der spätere französische König Karl VII., zusammen.

Die Schlösserlandschaft der Loire und ihrer Nebentäler beginnt im Westen bei Angers und endet im Osten bei Châteauneuf (nachfolgende Doppelseite) 140 Kilometer östlich von Tours. Da die Gegner Frankreichs – Normannen und Briten – früher von Westen kamen, wurde Angers mit einer besonders imposanten Festungsanlage versehen, die noch heute zu besichtigen ist.

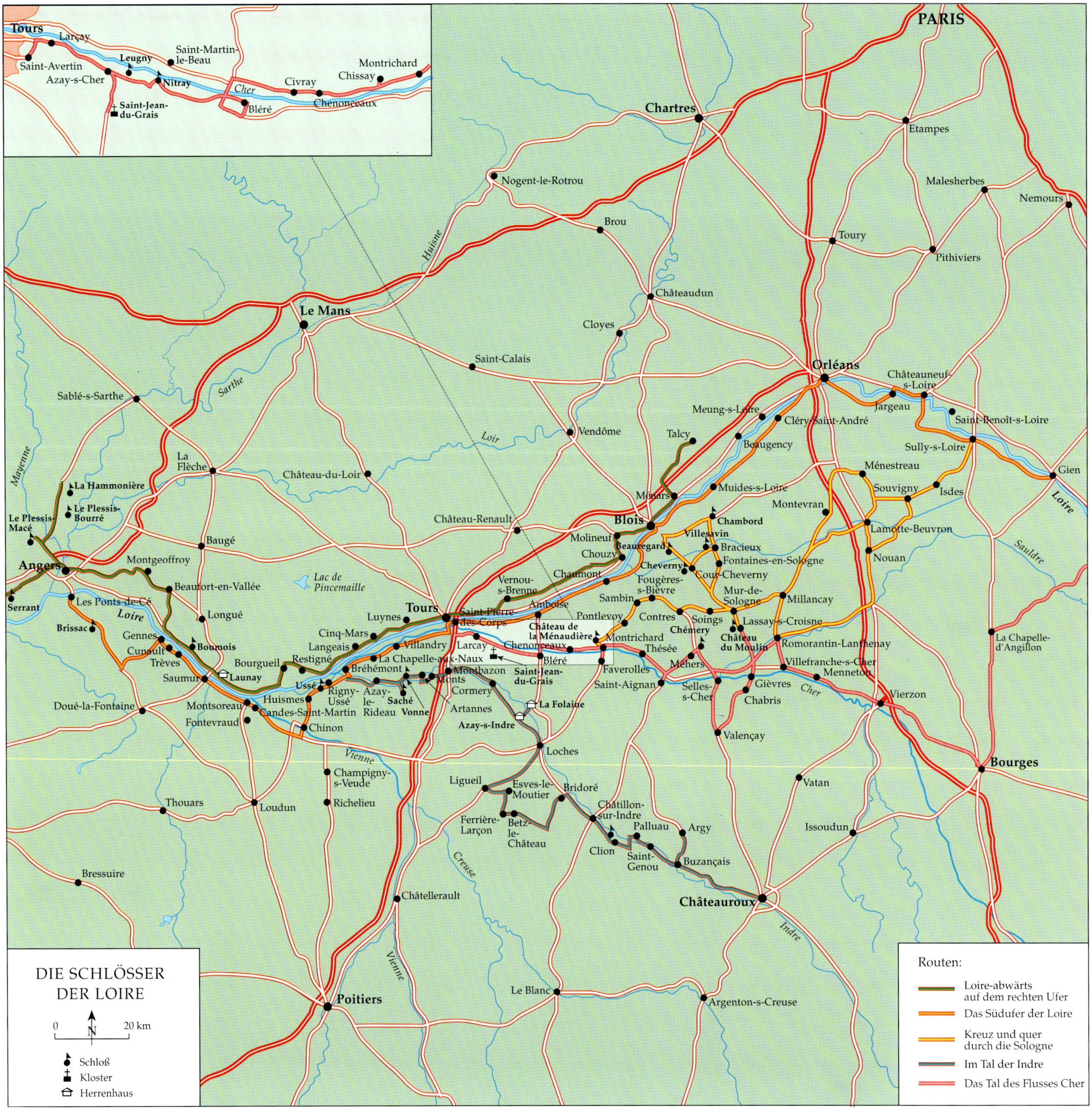
DIE SCHLÖSSER DER LOIRE
0
N
20 km
Schloß
Kloster
Herrenhaus
Routen:
Loire-abwärts auf dem rechten Ufer
Das Südufer der Loire
Kreuz und quer durch die Sologne
Im Tal der Indre
Das Tal des Flusses Cher
Tours
Larçay
Saint-Avertin
Azay-s-Cher
Leugny
Nitray
Saint-Martin-le-Beau
Saint-Jean-du-Grais
Cher
Bléré
Civray
Chenonceaux
Chissay
Montrichard
PARIS
Chartres
Etampes
Nogent-le-Rotrou
Malesherbes
Nemours
Brou
Toury
Pithiviers
Huisne
Châteaudun
Le Mans
Cloyes
Saint-Calais
Orléans
Châteauneuf-s-Loire
Jargeau
Saint-Benoît-s-Loire
Sablé-s-Sarthe
Sarthe
Meung-s-Loire
Cléry-Saint-André
Vendôme
Talcy
Beaugency
Sully-s-Loire
Loir
La Flèche
Château-du-Loir
Ménestreau
Gien
Mayenne
La Hammonière
Le Plessis-Bourré
Le Plessis-Macé
Ménars
Muides-s-Loire
Souvigny
Isdes
Montevran
Loire
Château-Renault
Blois
Chambord
Villesavin
Lamotte-Beuvron
Baugé
Molineuf
Beauregard
Bracieux
Chouzy
Fontaines-en-Sologne
Nouan
Sauldre
Angers
Montgeoffroy
Cheverny
Cour-Cheverny
Chaumont
Lac de Pincemaille
Beaufort-en-Vallée
Vernou-s-Brenne
Mur-de-Sologne
Fougères-s-Bièvre
Serrant
Les Ponts-de-Cé
Sambin
Millancay
Longué
Tours
Saint-Pierre-des-Corps
Amboise
Contres
Soings
Lassay-s-Croisne
Luynes
Pontlevoy
Brissac
Château de la Ménaudière
Chémery
Gennes
Cinq-Mars
Montrichard
Château du Moulin
Romorantin-Lanthenay
La Chapelle-d'Angillon
Cunault
Boumois
Langeais
Villandry
Larcay
Chenonceaux
Thésée
Trèves
Bourgueil
Restigné
La Chapelle-aux-Naux
Bléré
Saumur
Launay
Bréhémont
Montbazon
Saint-Jean-du-Grais
Favérolles
Méhers
Villefranche-s-Cher
Menneton
Ussé
Monts
Saint-Aignan
Selles-s-Cher
Gièvres
Vierzon
Rigny-Ussé
Azay-le-Rideau
Cormery
Chabris
Doué-la-Fontaine
Montsoreau
Huismes
Saché
Artannes
La Folaine
Fontevraud
Candes-Saint-Martin
Vonne
Azay-s-Indre
Chinon
Valençay
Loches
Vienne
Bourges
Champigny-s-Veude
Ligueil
Esves-le-Moutier
Bridoré
Vatan
Thouars
Loudun
Richelieu
Ferrière-Larçon
Betz-le-Château
Châtillon-sur-Indre
Palluau
Argy
Issoudun
Clion
Saint-Genou
Buzançais
Creuse
Bressuire
Châtellerault
Châteauroux
Indre
Vienne
Le Blanc
Poitiers
Argenton-s-Creuse

Reisen im Garten Frankreichs

Loirebrücken

Ausflugs- und Studienfahrten an einen großen Fluß bringen es mit sich, daß man ihn öfter überqueren muß, als einem lieb ist. Die Brücken nämlich bündeln den Verkehr, in dessen Fluß die Touristenautos noch das harmloseste Element sind, und wer wegen rangierender Schwerlastzüge auf einer der Brücken von Orléans eine halbe Stunde in brütender Hitze zugebracht hat, der wird für den nächsten Ausflug nach problemlosen Loireübergängen suchen.

Die großen Städte Orléans und Tours sind als Ziele natürlich sehr sehenswert; als Etappen aber bescheren sie uns Zeitverluste, die einen ganzen Tagesplan durcheinanderbringen können, und selbst das idyllische Blois – noch vor zehn Jahren nicht viel mehr als ein munterer Rastplatz – überfällt uns heute mit einem irrwitzigen Betrieb.

Am Ostrand unseres Ausflugsbereiches ist es das Schulstädtchen **Jargeau**, mit ausgiebigen, schattigen Parkplätzen gesegnet, wo man ohne Streß über die Loire gelangen kann, mit angenehmen, wenig beanspruchten Anfahrten vom Süden her durch die Sologne, im Norden durch den großen Forst von Orléans.

Nach Westen fortschreitend, stoßen wir auf **Meung-sur-Loire**, wo uns die Besichtigung des Schlosses zwar verwehrt wird, aber die *Eglise Saint-Liphard* und die Basilika von *Cléry-Saint-André* den Besuch auf jeden Fall lohnend machen; ein wenig weiter nach Westen bietet uns **Beaugency** alles, was man zu einer Brücke noch gewinnen kann: Ein Schloß, das man besichtigen darf, und eine Kirche von einzigartiger Stimmung dank in diesem Fall wirklich geglückter neuer Kirchenfenster. Die nächste Brücke liegt bei **Muides** zwischen so wichtigen Schlössern wie *Chambord* im Süden und *Talcy* im Norden, und dann kommen, da wir Blois überspringen, die großartigen Flußübergänge im Angesicht der stolzesten Loireschlösser, bei **Chaumont-sur-Loire** und bei **Amboise**.

Westlich von Tours beherrscht Schloß **Langeais** seine Brücke von Norden her; die Brücke im Blickfeld der Centrale Atomique von **Chinon** führt uns, als wolle sie uns trösten, geradenwegs auf das Weinstädtchen **Bourgueil** zu. Nach zwei weiteren Brücken ohne Hinterland, die reine Umwege bedeuten würden, können wir die Loire noch südlich von Angers überschreiten, im Zug der alten Fernhandelsroute von Niort nach Le Mans, für die glücklicherweise eine moderne Brücke gebaut wurde.

Loireabwärts auf dem rechten Ufer

Ungemindert in ihrem Reiz aber sind die alten Rastpunkte einer Nordufertour: Nach den andeutungsweise erwähnten Sehenswürdigkeiten von Meung und Beaugency bietet sich der sehr empfehlenswerte Umweg nach Talcy an und das Verweilen in Ménars.

Trotz aller Lieblichkeit, mit der uns die Schlösser des 18. Jahrhunderts beglücken, befällt uns das große Staunen doch vor dem lebendigen Mittelalter, wie es uns **Talcy** noch vor Augen führt, obwohl ihm der eigentliche Festungscharakter weitgehend fehlt. Auf Fundamenten aus dem 13. Jahrhundert dreihundert Jahre später neu errichtet, ist Talcy aus ehrwürdig-grauem Stein wie für die Ewigkeit gebaut, mit grobem Pflaster, Brunnen, Bogengängen, ein Schloß, das in den Religionskriegen seine Rolle spielte, aber auch in der Literaturgeschichte: Agrippa d'Aubigné (1552–1630), der große Calvinist, lebte hier und liebte Diane Salviati aus der Familie der Schloßbesitzer, und Ronsard erging es ähnlich mit Cassandre, ihrer schönen Tante – lokale, aber interessante Geschichten, über die man sich heute beinahe nur noch in den kleinen Kiosken mit der Schloßliteratur, den Ansichtskarten und Dias informieren kann.

Auch **Ménars** hat seine galante Tradition; die Marquise von Pompadour brachte hier die letzten vier Jahre ihres nicht sonderlich langen Lebens zu. Nach 1827 gehörte Ménars Madame de Brigode, einer natürlichen Tochter Napoleons I. Mobiliar und Statuenschmuck sind größtenteils der Revolution zum Opfer gefallen, was die leise Melancholie, die über dem großzügigen Ensemble liegt, noch vertieft.

Nach der Durchquerung des lebhaften Städtchens **Blois** (siehe Seite 27ff.) können wir uns in dem nach Westen weit ausgreifenden Waldgebiet erholen; es wird von flachen Tälern durchzogen, in denen wenig bekannte Wasserläufe auf die Loire zustreben. **Molineuf** ist das Zentrum eines originellen Neubaugebietes, in dem etwas entstanden ist, das man Satellitendörfer nennen muß: Aus dem engen Blois heraus haben sich hier ganze Wohnsitzketten über Höhen und Wälder geschlungen.

Im Gemeindegebiet von **Vernou-sur-Brenne** liegt, wenige Kilometer von der Uferstraße entfernt, das von Landkarten wie Führern stiefmütterlich behandelte *Château de Jallanges,* ein Bau aus dem 15. Jahrhundert (oft, aber ungeschickt ausgeschildert, über dem Brennetal). Dabei ist

Links: Die Ruine der Basilika Saint-Martin in Tours (Lithographie aus dem 19. Jahrhundert).
Rechts: Straßenszene in Blois zu Beginn des 20. Jahrhunderts.

das Schloß originell in seiner Mischung aus Ziegeln und Steinmauern, mit einem Treppenturm, einer Kapelle aus dem 17. Jahrhundert und einem kleinen Museum mit Sätteln und anderem Lederzeug.

Die vom landschaftlichen Umfeld her durchaus reizvolle Uferstraße ist leider deutlich verwahrlost, erst westlich von Tours fühlt man sich wieder wohler, und **Luynes** rechtfertigt eine Pause, auch wenn das Schloß der Herzöge von Luynes mit Türmen und Mauern aus dem 13. Jahrhundert uns nur verachtungsvoll anblickt (die freundlicheren Wohngebäude aus dem 15. Jahrhundert sieht man nicht). Der Aufstieg des Hauses, dessen Männer schon Heinrich IV. dienten, geht auf Ludwig XIII. (1601–1643) zurück: Ihn befreite 1617 ein Luynes von der intriganten Herrschaft des Abenteurers Concino Concini, eines Günstlings von Ludwigs Mutter Maria de Medici (1573–1642).

Der mit seinen alten und teilweise an die Felsen angebauten Häusern reizvolle kleine Schloßort entschädigt uns für die uns in diesem Fall verwehrte Schloßbesichtigung auch durch eine altertümliche Markthalle in äußerst sehenswerter Zimmermannsarbeit.

Zwei Türme der Schloßruine von **Cinq-Mars** erinnern uns an einen anderen Günstling des dreizehnten Ludwig, den im Alter von nur zweiundzwanzig Jahren auf Betreiben des Kardinals Richelieu (1585–1642) hingerichteten Marquis gleichen Namens. Alfred de Vigny (1797–1863) und andere Autoren haben die düstere Geschichte dieses Ortes literarisch verarbeitet, Charles Gounod (1818–1893) brachte sie auf die Opernbühne. Hortense Mancini, eine der allzu lebhaften Nichten des großen Kardinals Mazarin (1602–1661), hat das Schloß später bewohnt.

Schloß Langeais

Langeais, wenige Autominuten weiter westlich, ist einer der Höhepunkte aller Besichtigungsfahrten, setzt mit seinen engen Treppen und vielen Stufen allerdings eine gewisse Kondition voraus. In Langeais begegnen wir der ersten herausragenden historischen Persönlichkeit der Touraine, dem harten Fulco Nerra, Graf von Anjou; auf seinen Vater geht der Donjon von Langeais zurück, 984 errichtet, der älteste von Frankreich. Das Schloß im Ganzen ist ein Werk Ludwigs XI. (1423–1483), der in seiner heute absurd erscheinenden Mischung aus Grausamkeit, Frömmigkeit und Aberglauben mit Fulco verwandt erscheint. Dazwischen war Richard Löwenherz jahrelang im Besitz des befestigten Schlosses. Langeais verdient eine eingehende Besichtigung, die meisten seiner Räume sind durch die zahlreichen Tapisserien, das alte Mobiliar und die Gemälde sehenswert; der gewaltige Kamin der *Salle des Gardes* ist ein Werk von François d'Orléans, der lange Wehrgang beeindruckt durch ingeniöse Abwehrtechnik. Flandrische und deutsche Kunsthandwerker haben an der Innenausstattung von Langeais mitgewirkt.

Im übrigen ist Langeais, so dicht seine Türme sich auch aneinander drängen, unvollendet geblieben: Die zwei Flügel, die den Schloßhof völlig abschließen sollten, wurden nie gebaut, weil die ersten Geschütze ein völliges Umdenken im Festungsbau nötig machten. Unvergessen ist bis heute die geschichtliche Bedeutung eines königlichen Schlosses in dieser zentralen Lage, ja, es wurde im Jahre 1491 zu einer Schaltstelle der europäischen Macht: Der habsburgische Kaiser Maximilian I. (1459–1519) hatte seine Tochter Margarete dem französischen König Karl VIII. (1470–1498) zur Ehe versprochen und damit seine eigene Verlobung mit der Herzogin Anna von der Bretagne erreicht, der im Jahr 1490 die damals übliche Ferntrauung (durch Prokuration) folgte. Karl VIII. hatte damit den damals mächtigsten Herrscher Europas bedrohlich im Rücken und begann sich bald selbst mit starkem Druck vor allem auf Anna von der Bretagne um die reiche Erbin zu bemühen. Nach langwierigen Verhandlungen zwischen Rennes, Paris, Rom und Wiener Neustadt schloß er am 18. November 1491 in Langeais die Ehe mit dieser schönen und bemerkenswert klugen Fürstin. Damit wurde die Vereinigung Frankreichs mit der Bretagne besiegelt.

Die Weinstadt Bourgueil

Etwa zehn Kilometer westlich von Langeais empfiehlt es sich, die Uferstraße aufzugeben und

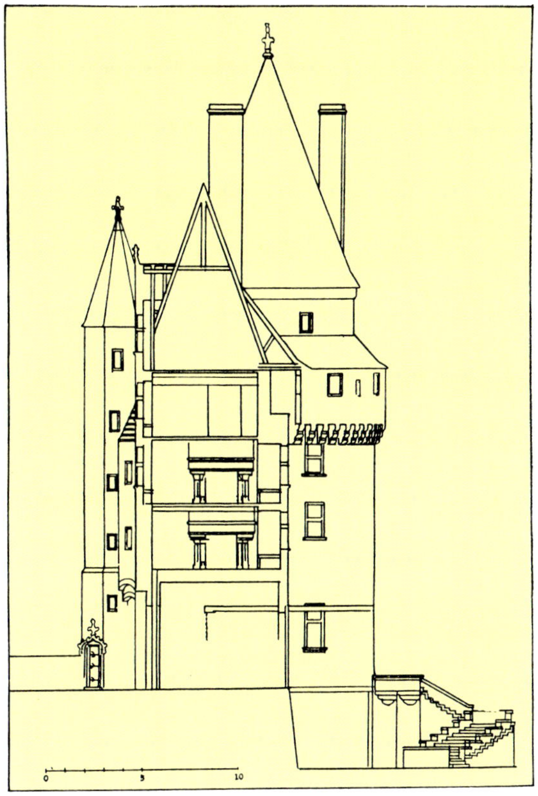

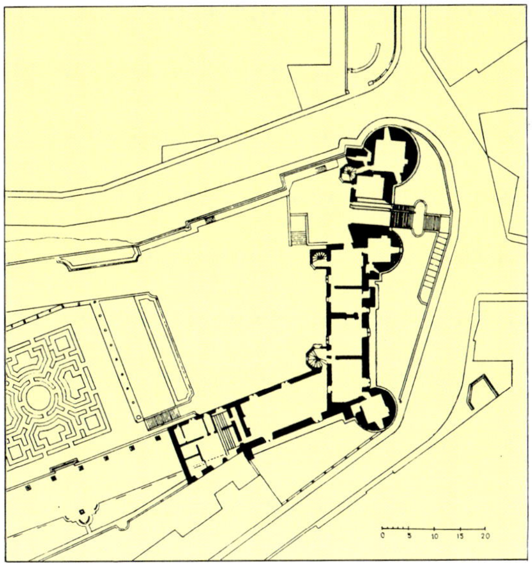

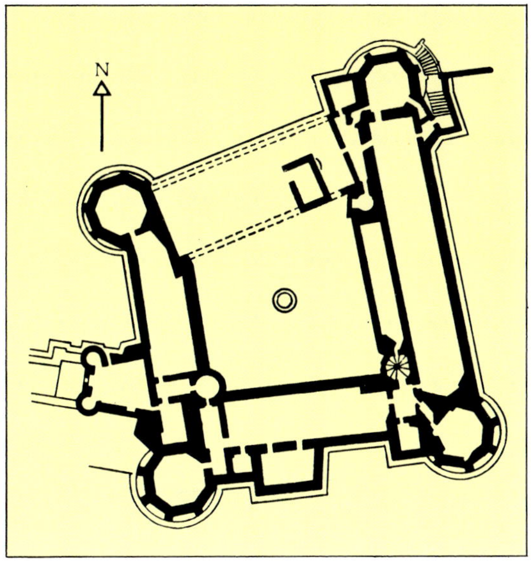

Querschnitt (links) und Grundriß (Mitte) des Schlosses Langeais. Grundriß des Schlosses Saumur (rechts).

Bourgueil, die berühmte Rotweinstadt, aufzusuchen. Das Städtchen hat eine Kirche mit sehenswertem Chor aus dem 12. Jahrhundert und zeigt uns die Reste jener Abtei von 990, die François Rabelais (1494–1553) berühmt gemacht hat (an der Fassade des Rathauses ein Rabelaismedaillon). Kaum jünger als die Abtei ist übrigens die Kirche von **Restigné**, fünf Kilometer vor Bourgueil, mit einem jener prächtigen Chöre, wie sie für den mittelalterlichen Kirchenbau im Anjou charakteristisch sind.

Die D 947 führt uns bei Saumur zurück an die Uferstraße. Loireenthusiasten mögen nun am Fluß bleiben, die Strecke ist nah am Ufer geführt, und die grünen Hügel auf der Südseite erfreuen das Auge ebenso wie die großen und kleinen Inseln des weitgehend naturbelassenen Flusses. In einer Distanz von fünf bis acht Kilometern weiter landeinwärts verläuft jedoch die N 147, die sich nicht nur schneller befahren läßt, sondern auch nach **Beaufort-en-Vallée** und zum Schloß Montgeoffroy führt. Das Schloß der Grafen von Beaufort, aus deren Geschlecht Papst Gregor XI. (1329–1378) hervorging, ist zwar heute nur noch eine malerische Ruine, aber das Dorf ist sehr ansprechend, mit dem großen Platz hinter der Kirche und dem kunstreichen Gotteshaus selbst. *Montgeoffroy,* sechs Kilometer von Beaufort auf altem Schloßgrund erst 1773 neu errichtet, ist eines der besterhaltenen und ansehnlichsten Schlösser der Touraine, sowohl außen wie auch innen: Park, Gitter, Dächer, Mobiliar, Gemälde – hier wachen die Mitglieder der Familie de Contades, Nachfahren von Heerführern und Gouverneuren, hingebungsvoll über einen prächtigen Besitz.

Schlösser rund um Angers

Montgeoffroy ist das östlichste von einem halben Dutzend Schlössern, die Angers in einem Halbkreis umgeben und erfreulicherweise alle besichtigt werden können: *Le Plessis-Bourré* aus dem 15. Jahrhundert, von mächtigen Türmen flankiert; *La Hammonière,* malerisch, ein wenig verkommen, mehr Ensemble als geschlossenes Bauwerk; *Le Plessis-Macé* mit Wassergräben, aber einem nur als Ruine erhaltenen Bergfried; und schließlich *Serrant,* drei Kilometer von der Loire entfernt, trotz langer Bauzeit von berückender Harmonie mit Pavillons, Kuppeln, stillen Wasserflächen und weitausladenden Bäumen und auf eine begeisternde Weise möbliert.
Es war Antoine Walsh, ein Schloßherr von jenem Serrant, der aus seinem großen Vermögen zwei Kriegsschiffe ausrüstete, als Bonnie Prince Charlie (Karl Eduard Stuart, 1720–1788) den Versuch machte, Schottland und England für das Haus der Stuarts zurückzuerobern.

Das Südufer der Loire

Der Rückweg von Angers nach Osten beginnt im Inselgewirr des hier mehrfach geteilten Flusses in einem Vorort, der den Namen *Les Ponts-de-Cé* trägt. Es ist zwar nicht ganz einfach, im lebhaften Nordsüdverkehr einen Rastplatz zu finden, aber man sollte es trotzdem versuchen: Die Blicke talauf und talab sind von den Brücken und Inselstrecken aus sehr lohnend. Die kuriose, nach den Brücken benannte Stadt hat das Schicksal ihrer Lage erlitten und seit der Eroberung durch die Briten im Jahre 1369 viel Kriegslärm vernehmen müssen. Auf der vielbogigen Hauptbrücke hat das moderne Frankreich, das sich gerne seiner alten Helden erinnert, dem sagenhaften Fürsten Dumnacus ein Denkmal errichtet: Er hatte 21 n. Chr. in der Loire seinen tragischen Tod gefunden, als die Römer den Aufstand der Andecaver (Hauptstadt Angers) und der Turonen (Hauptstadt Tours) gegen die Steuereintreiber niederwarfen.

Schloß Brissac

Da das Loireufer erst ab Saint-Rémy-la-Varenne wieder eine gute Straße zu bieten hat, ist der Umweg zu Schloß *Brissac* beinahe eine Notwendigkeit. Seit einem halben Jahrtausend im Familienbesitz, hat das Schloß doch auch schon vorher eine große Rolle gespielt: Einer seiner frühen Besitzer, Pierre de Brézé, opferte – so wird

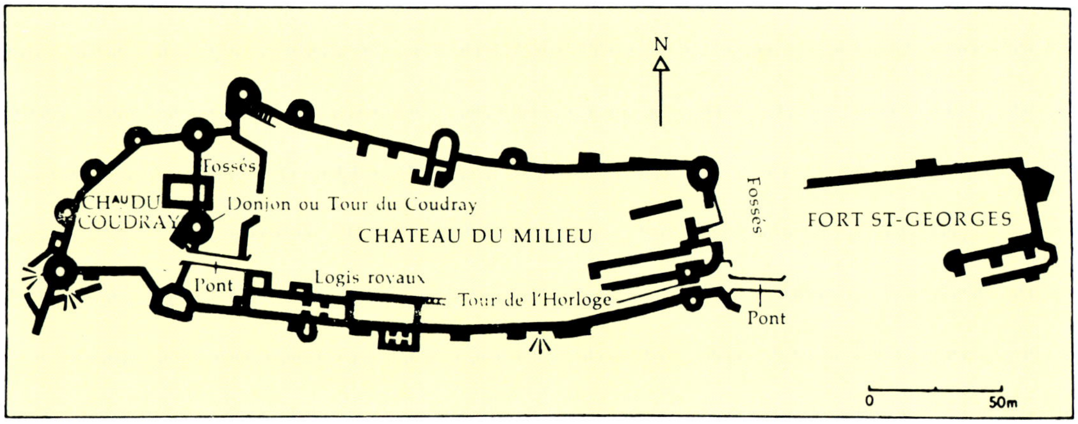

berichtet – 1465 bei Monthléry sein Leben, um das des Königs Ludwigs XI. zu retten. Als Spukschloß gilt Brissac, das uns so hell und freundlich anmutet, weil hier Charlotte, die Tochter Karls VII., von ihrem Gemahl beim Ehebruch überrascht und getötet wurde, was bekanntlich zu jahrhundertelanger Unruhe solcher armen Geister führt.
Nach der Aussage des heutigen Besitzers, eines Marquis, wurde Schloß Brissac als zur Hälfte neuer Bau auf einem Schloß errichtet, das weitgehend zerstört gewesen war; dabei handelte es sich um komplizierte und äußerst aufwendige Arbeiten, die sich von 1606 bis in das Jahr 1621 hinzogen. Diese Zeit spiegelt sich wohl am deutlichsten in der großzügigen *Salle des Gardes* mit ihrer prächtigen Holzdecke und den schweren Tapisserien wider. In anderen Räumen dominiert das Mobiliar im Stil Ludwigs XIII. Da die Französische Revolution dem stolzen Bau so arg mitgespielt hatte, daß er zeitweise gar nicht mehr bewohnt werden konnte, bedurfte es des großen Vermögens der Zuckererbin Jeanne Say, die, nachdem sie Marquise de Brissac geworden war, im vorigen Jahrhundert den Bau und seine Räume restaurieren ließ – ein Vorgang, der in der Geschichte der Loireschlösser keineswegs isoliert dasteht und dessen Nutznießer nicht zuletzt wir, die heutigen Besucher dieser alten Familiensitze, sind.
Auf landschaftlich sehr hübschen schmalen Straßen erreichen wir die Loire bei **Gennes** wieder, wo ein Ehrenmal an die Fähnriche von Saumur erinnert, die im Juni des Jahres 1940 in die schon verlorene Schlacht um die Flußübergänge geschickt und in aussichtslosem Kampf getötet wurden. Einige von ihnen ruhen in der *Eglise Saint-Eusèbe*, deren älteste Teile vorromanisch sind. Eindrucksvolle romanische Kirchen passieren wir auf der Weiterfahrt bei **Cunault** *(Nôtre-Dame)* und bei **Trèves** *(Saint-Aubin)*.

Ein paar Kilometer stromaufwärts gelangen wir dann in die Stadt **Saumur**, eine frühere Brückenfestung mit gut erhaltenen Altstadtteilen, trotz der schweren Kämpfe im Zweiten Weltkrieg. Die Kirche *Notre-Dame-de-Nantilly* ist romanisch (13. Jahrhundert) und birgt außer dem sakralen Schmuck eine kleine Sammlung von Tapisserien, die zum größten Teil aus der berühmten Werkstatt von Aubusson stammen. Vom Schloß – das auf seinem exponierten Hügel einige Vorgänger hatte – genießt man einen prächtigen Rundblick über Fluß und Tal. Die Museen der kleinen, lebhaften Stadt widmen sich in erster Linie militärgeschichtlichen Themen. Das Schloß selbst spielte seine besondere Rolle in der frühen Buchkunst: In dem berühmten Stundenbuch des Herzogs von Berry (1340–1416) findet sich als kunstvolle Miniatur das Bild des Schlosses, wie es im 15. Jahrhundert aussah, mit den vielen, spielerisch-schlanken Türmen und Weinbauern im Vordergrund. Als Förderer der Künste gelangte der Herzog zu unsterblichem Ruhm, der anderen, auf militärischem Gebiet herausragenden Mitgliedern seiner Familie versagt blieb.

Östlich von Saumur

An der Einmündung der Vienne in die Loire liegt **Candes-Saint-Martin**, der Sterbeort des Heiligen, mit Schloß *Montsoreau* aus dem 15. Jahrhundert nordwestlich des Ortes, in dem besonders viel gemordet wurde; einer seiner Besitzer war der grausamste Protestantenverfolger der Bartholomäusnacht des 24. August 1572 in der Provinz. Das von 1912 bis 1934 vom Departement restaurierte Schloß erweckt heute, mit der Fassade am Fluß, seinen Türmen und Giebeln, wieder einen starken Eindruck.
Folgen wir der Vienne stromaufwärts, so stoßen wir auf die ausgedehnten Parkplätze am Fuß des Burgfelsens von *Chinon*, einer langgestreckten, sehr sehenswerten Schloßanlage, die in der Lebensgeschichte der Jungfrau von Orléans eine entscheidende Rolle spielte. Hier wurde das Bauernmädchen dem Dauphin, dem damals noch ungekrönten König von Frankreich, vorgestellt, und er faßte in langen Gesprächen Zutrauen zu ihr, begann an ihre Sendung zu glauben. Das nur in den Wintermonaten geschlossene Ensemble denkwürdiger Gebäude verdient eingehende Besichtigung und ist hinreichend erläutert.
Durch den Wald von Chinon führen uns schmale Straßen nach **Rigny-Ussé**, das sich über einem anderen Loirezufluß, der Indre, erhebt. So ernst Montsoreau und Chinon wirken, so heiter präsentiert sich *Ussé*, dabei ist es doch ein wirklich altes Schloß aus dem 15. Jahrhundert. Der große Märchenerzähler Charles Perrault (1628–1703) soll durch Ussé zu seiner Geschichte vom Dornröschen angeregt worden sein; Voltaire (1694–1778) hat oft hier geweilt, während sich der ältere Dumas (1802–1870) mehr von den düsteren Ereignissen auf Montsoreau inspirieren ließ.
Zwischen dem kleinen **Huismes** und der Stadt Tours ist die Loire so, wie die Franzosen sie lieben. Indre und Cher benehmen sich, als könnten sie sich zu der unausweichlichen Vermählung mit dem größeren Fluß nicht entschließen; sie umspielen ihn mit zahllosen schmalen Wasserläufen und schaffen damit eine Insellandschaft, wie wir sie in Mitteleuropa allenfalls noch zwischen Donau und Save finden.
Wir haben sehr reizvolle Straßen zur Verfügung, die eine hart am Ufer der Loire, über **Bréhémont** und **La Chapelle-aux-Naux** (ein Wort, in dem das lateinische »navis«, das heißt Schiff, steckt), die andere über Lignières und Le Hay. Sie bringt uns nach **Villandry**, das eigentlich schon ein Schloß am Cher ist und seiner geometrisch angelegten Gärten wegen einer der Rundfahrtenhöhepunkte. Alljährlich werden Busbesatzungen, meist an den heißen frühen Nachmittagsstunden, durch die schattenlosen Arabesken des Renaissancegartens getrieben, dessen Reiz als Tour de Force eines an Androuet du Cerceau (1510–1584) orientierten Gartenarchitekten allenfalls aus dem Hubschrauber beurteilt werden könnte. Im 18. Jahrhundert besaßen die Castellane, Markgrafen aus der Provence, die

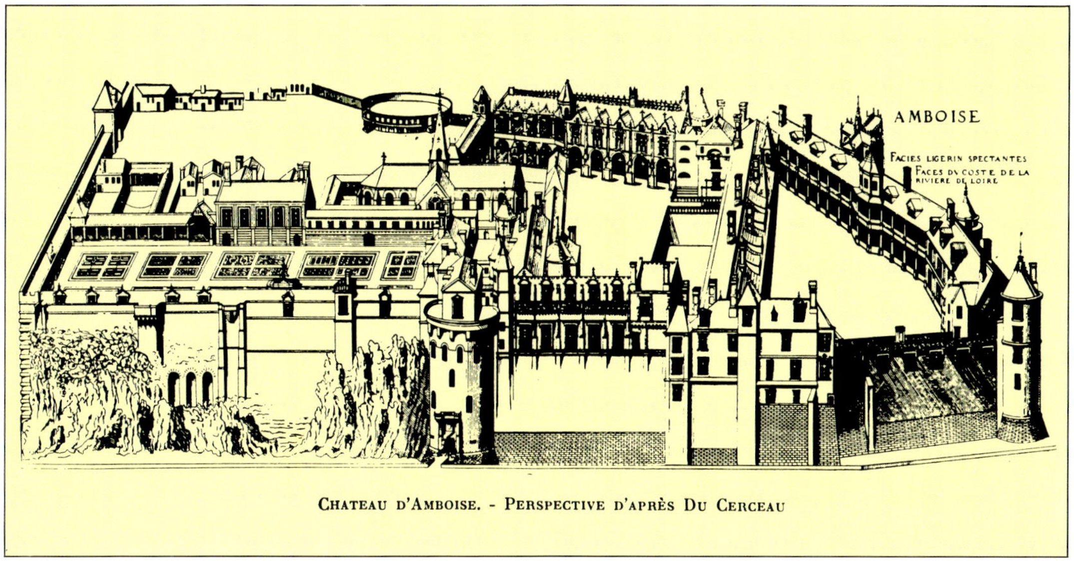

Links: Plan der dreiteiligen Burganlage von Chinon. Mitte: Historisches Foto des Stadttores von Amboise. Rechts: Ansicht des Schlosses Amboise nach du Cerceau aus dem Jahre 1607.

Herrschaft Villandry und hatten sie, der üppigen Fruchtbarkeit dieser Wasserlandschaft Rechnung tragend, in einen englischen Park verwandelt; aber ein Arzt und Pharmafabrikant unseres Jahrhunderts stellte die imposant-sterile Künstlichkeit wieder her, die nun den zinnenbewehrten Donjon aus dem 14. Jahrhundert umgibt.

Hält man sich am Südrand von **Tours,** dann ist die Stadt schnell passiert; man entrinnt ihr auf der D 140 in Richtung **Saint-Pierre-des-Corps** und verläßt diese Straße nach etwa zehn Kilometern bei der Abzweigung nach Montlouis-sur-Loire, fährt vorbei an dem kleinen Renaissanceschloß des einst durch seine schönen Frauen berühmten Geschlechts de la Bourdaisière. Die munteren Töchter des Clans Babou de la Bourdaisière spielten im Gefolge der Katharina von Medici ihre Rollen in amourösen und politischen Intrigen. Gabrielle d'Estrées, die bedeutendste Mätresse Heinrichs IV., kam hier 1573 zur Welt; ihr verdankte Frankreich das Edikt von Nantes, das der Hugenottenverfolgung ein Ende setzte, bis die bigotte Marquise de Maintenon (1635–1719), erst Geliebte und später dann zweite Gemahlin Ludwigs XIV., für seine Aufhebung sorgte und durch diese Handlung die große Hugenottenwanderung nach Deutschland und England verursachte.

Amboise

In **Montlouis** sind wir wieder an der Loire und inmitten einiger ihrer besten Weinlagen (Saint-Martin-le-Beau). Die D 751 bringt uns dicht am Fluß nach **Amboise**, mit dem Herrenhaus von *Clos-Lucé* und der Pagode von *Chanteloup* eine einzigartige Ansammlung von Sehenswertem, der man einen halben Tag widmen sollte, denn hier beginnt ein Fest. Es kündigt sich schon an, wenn wir das auf seinem Felsen triumphal aufragende Schloß von dem breit dahinströmenden Fluß aus betrachten, aber der Blick von der Schloßterrasse oder vom Minimenturm (benannt nach einem im 15. Jahrhundert gegründeten Bettelorden) ist nicht weniger begeisternd. Schon der Schloßhof läßt uns ahnen, daß wir hier nicht in einer beliebigen adeligen Wohnstatt sind, sondern im Herzen französischer Geschichte, in einem Schloß, in dem die großen Gegner König Franz I. (1494–1547) und Kaiser Karl V. (1500–1558) einander begegnet sind, in dem aber auch Maria Stuart (1542–1587) lebte und wo Leonardo da Vinci (1452–1519) weilte, bis ihm der kunstsinnige Valoiskönig Franz I. den Alterssitz Le Clos-Lucé überließ (heute akribisch restauriert mit sehenswerten Ausstellungen). Die *Chapelle Saint-Hubert,* die Wohngemächer und Terrassen sind so reich an kunstgeschichtlichem Erbe und Geschichten über die Schicksale ihrer Bewohner, daß man gut daran tut, sich am Vorabend ein wenig vorzubereiten. Dann bevölkern sich zwar die schönen Bilder mit den Geistern von vielen Hingerichteten, aber man begreift durch dieses Nachlesen und Studieren die Funktion der Schlösserlandschaft in der Geschichte Frankreichs und Europas wesentlich besser.
Nach Treppen und Sälen, Bildern und Mobiliar ist ein Spaziergang in dem ausgedehnten Park von Amboise außerordentlich erholsam, ziehen sich die Grünflächen doch bis hoch auf die Klippe hin.
Als Europa noch Lebensart hatte, offerierte man Schloß und Park Amboise jenen Gefangenen, denen im Grunde nichts Kriminelles vorzuwerfen war, wie dem Frauenliebling Herzog Lauzun (1632–1723) oder dem algerischen Freiheitskämpfer Abd el-Kạder (1808–1883).

Chaumont-sur-Loire

Zwischen der Loire und dem Flüßchen Masse mit seinen vielen Windungen erstreckt sich eine nur am Flußufer besiedelte Hochfläche. Darum folgt die Begegnung mit dem strengen Schloß **Chaumont** unmittelbar auf das Erlebnis Amboise, obwohl die Autopromenaden entlang dem Rand der Hochfläche mit den dortigen Weilern, Teichen und kleinen Waldungen eben-

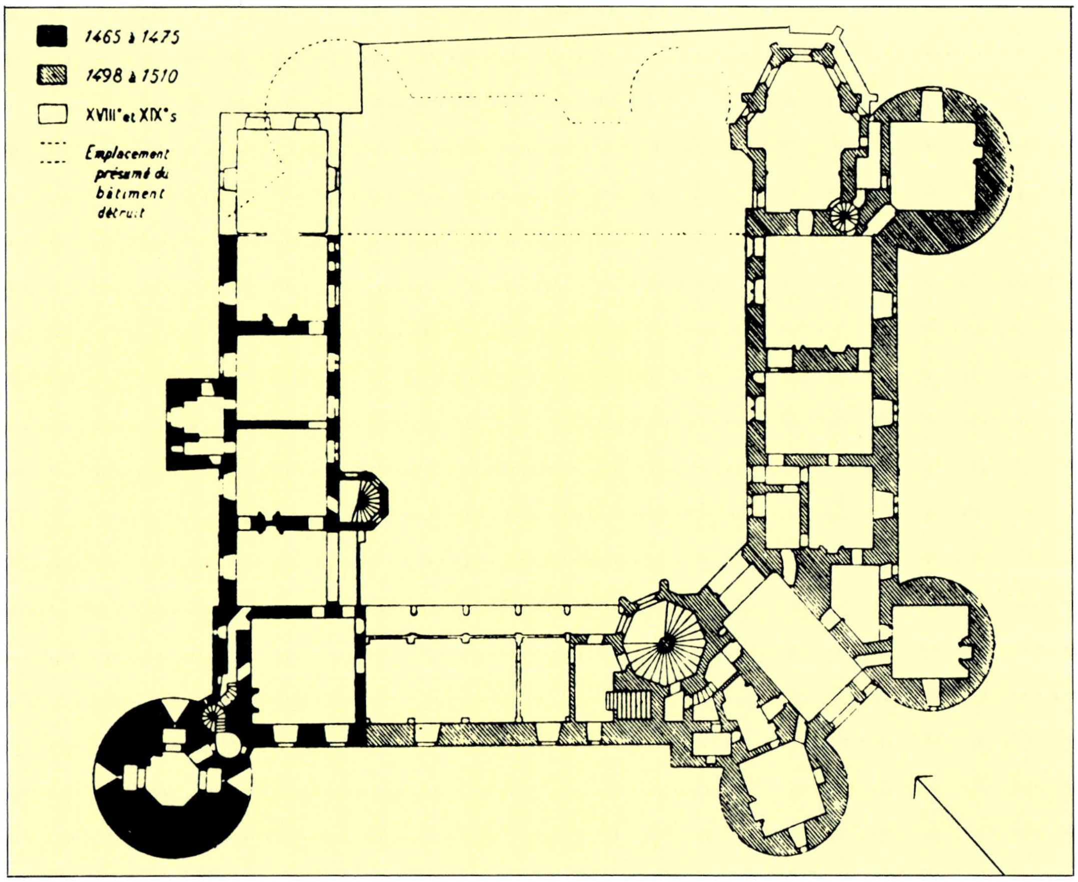

Grundriß des Schlosses Chaumont, dessen Nordflügel im 18. Jahrhundert abgebrochen wurde.

falls ihren Reiz hätten. Chaumont selbst ist bis heute das Schloß, das Diana von Poitiers verschmäht hat, die mit Agnes Sorel, der Pompadour und der Dubarry berühmteste Mätresse der französischen Geschichte, aus reicher Familie, hochintelligent, wunderschön und der legitimen Gemahlin Heinrichs II., einer Medici, turmhoch überlegen. Als der König seinen von Nostradamus aufs deutlichste vorausgesagten Tod nach einem Schauturnier starb, mußte Diana das aus ihren Ideen erst wirklich schön und originell erstandene Chenonceau räumen, lebte auf Chaumont aber nur so lange, bis ihr kunstvolles Schloß Anet beziehbar war.

Diese Dinge vergißt ein Franzose nicht. Chaumont liegt herrlich, ist aus Mobiliendepots und anderen Schlössern mit kostbaren Einrichtungsgegenständen – gelegentlich allerdings ein wenig schütter – ausgestattet worden und gewinnt durch die Besucher jenes Leben, das ihm offenbar jahrhundertelang abging. Der prominenteste Gast war die von Napoleon aus Paris verbannte Madame de Staël (1766–1817), die hier jahrelang, in Gesellschaft eines intellektuellen Zirkels, lebte und schrieb, an ihrer Seite Madame Récamier (1777–1849), Benjamin Constant (1767–1830), August Wilhelm von Schlegel (1767–1845), Adelbert von Chamisso (1781–1838) und andere Dichter, umgeben von galanten Tapisserien und Gemälden.

Wir fahren die schnurgerade D 751, dann die D 951 Richtung Orléans bis nach **Cléry-Saint-André**, so benannt nach der Basilika *Nôtre-Dame-de-Cléry* aus dem 15. Jahrhundert, einer dreischiffigen gotischen Kirche auf älteren Fundamenten (auch ein quadratischer Turm hat sich von dem Vorgängerbau erhalten). Ludwig XI. (1423–1483) hatte eine besondere Beziehung zu dieser Kirche, zu deren Errichtung er sich während der Belagerung von Dieppe verpflichtete, wo er, damals noch Dauphin, gegen den britischen Feldherrn Talbot of Shrewsbury (1388–1453) siegte. Vier Jahrzehnte später wurde der streitbare, doch im ganzen groß zu nennende König hier zur letzten Ruhe gebettet (Grabmonument von Michel Bourdin, nach der Revolution wiederhergestellt). Das Grab des Königs und seiner Gemahlin wurde erst 1889 wieder aufgefunden und freigelegt. Weitere Gräber machen die Basilika zu einem Zentrum des Gedenkens, ruht doch auch Jean Dunois (1403–1468) hier, der treue Waffengefährte der Jungfrau von Orléans. Die Pilgerfahrten nach *Nôtre-Dame-de-Cléry* (8. September und an dem darauffolgenden Sonntag) zählen zu den ältesten Frankreichs.

Quer durch die südlichen und zum Teil hochmodernen Ausläufer des alten **Orléans** erreicht man die Loire erst bei **Jargeau** wieder, wo der Ausflugsbereich von Touraine und Sologne und damit auch unser Routenvorschlag endet. Hier verläßt die Straßenführung auch den Fluß, dem man sich nur noch in den Siedlungen nähern kann: Nördlich der Loire, in **Châteauneuf** mit seinem Museum der Flußschiffahrt, südöstlich dieser Stadt in dem Schloßstädtchen **Sully-sur-Loire.** Eine Stadt zum Abschiednehmen, schon auf dem Weg nach Burgund, ist **Gien** am Nordufer, im Zweiten Weltkrieg hart umkämpft, aber dank einer glücklich restaurierten, sehr stimmungsvollen Hügelkirche sehr sehenswert. Es war eine Tochter des elften Ludwig, die Gien zu Schönheit und Bedeutung verhalf, und uns bietet die kleine Stadt immerhin ein reichhaltiges Jagdmuseum, liegt sie doch im Herzen der ausgedehnten Wälder, in denen die Franzosen bis heute unbeirrt ihre Hundemeuten hinter Hirschen herhetzen lassen.

Kreuz und quer durch die Sologne

Weil hier jede präzise Vorbeschreibung nur Schwierigkeiten schafft, führt uns der Weg kreuz und quer, denn es gibt ganz einfach zu viele Straßen, stets sind einige von ihnen gesperrt, und die Straßenknotenpunkte sind an Markttagen sehenswert, aber unpassierbar. In der Sologne, zwischen dem Fluß Cher und der Loire, bewegt man sich ansonsten frei, vom Verkehr unbehelligt, von einer guten Karte unterstützt, die man aber eigentlich – angesichts der vielen Ortstafeln – nur braucht, wenn eine Umleitung unerwartete Verhältnisse geschaffen hat.

Beginnt man die Rundfahrt in Blois über die Brücke nach Südosten, so hat man die wichtigsten Ziele sogleich vor sich und gewahrt von der

Sologne selbst nicht allzuviel; aus dem Chertal im Süden kommend gewinnt man hingegen langsam an Höhe, rollt dann über die stimmungsvolle Hochebene und trifft erst nach weniger bekannten Orten und Schlössern dann auf Cheverny und Chambord, Eindrücke, die sich ohnedies kaum noch übertreffen lassen.

Von Montrichard nach Norden

Das erste Schloß der Sologne gehört noch beinahe zu **Montrichard** und hat sich aus der Reihe der Adelswohnungen selbst ausgeschlossen – es ist ein Hotel. Das *Château de la Ménaudière* zeigt uns durch das Schild »complet« an, daß es schon im Juni keines seiner fünfundzwanzig Zimmer mehr frei hat, und wir fahren weiter über Pontlevoy nach Fougères (womit, wie gesagt, nur eine von verschiedenen Möglichkeiten angedeutet sei). Zwischen kleinen Waldstücken, durch Dörfer, die durch Tankstellen und Schrottautos teilweise ihres Charmes beraubt sind, erreichen wir **Pontlevoy**, seit tausend Jahren geistiges Zentrum der Landschaft dank einer Klosterschule, die hier an der Stelle eines Einsiedlersitzes aus dem 10. Jahrhundert entstand. Gestiftet wurde sie von einem Ritter, der auf wunderbare Weise einen Schiffbruch überlebt hatte. Die imposanten Gebäude der Abteischule, heute eine Akademie, sind nach Zerstörungen im letzten Krieg wiederaufgebaut worden und integrieren die ehrwürdigen Reste früherer Bauten aus dem 10. und 15. Jahrhundert; die alte Abteikirche birgt besonders reich geschmückte Altäre und ein Gestühl aus dem 17. Jahrhundert.

Links: Alter Stich aus der Zeit Ludwigs XI. Oben: Höfisches Gelage zur Zeit Katharinas von Medici.

Auf der Weiterfahrt nach Norden überqueren wir bei einem Weiler mit dem seltsamen Namen »Ail vert« (Grüner Knoblauch) das blutgetränkte Schlachtfeld, auf dem Fulco Nerra im Jahr 1016 einen Grafen von Blois besiegte. Auf das stille **Sambin** zwischen seinen Weingärten folgt **Fougères-sur-Bièvre**, rund um ein Riesenschloß gebaut, in dessen Schatten sich die kleinen Häuser drängen. Den Kern bildet auch hier ein alter Donjon – das offenliegende Gebälk gibt dem Dachstuhl seinen besonderen Charakter –, um den herum ein Schatzmeister Ludwigs XI. einen wehrhaften Bau errichtete. Das Schloß gehört seit sechzig Jahren dem Staat und kann besichtigt werden; es bietet hübsche Ausblicke auf die Gärten und den Fluß Bièvre.

Auf der Suche nach dem geheimnisvollen, in ausführlichsten Führern und Spezialverzeichnissen niemals genannten Schloß *Coulomme* verfolgt man die Bièvre weiter und gelangt über **Fresnes** in das lebhafte **Contres**. An einem Markttag (Freitag) aber bietet Contres – freilich ohne die mittelalterliche Kulisse von Loches – ein Stück französischen Landlebens von so bunter Intensität, wie man es nicht mehr für möglich halten möchte: Hier eine Stunde zuzubringen, das sagt weit mehr über die Sologne und das, was von ihrem früheren Leben übrig geblieben ist, als sich zu Papier bringen läßt.

Zwischen kleinen Teichen mit zum Teil braunem Moorwasser und Gehölzen erreicht man **Soings**, stiller als Contres, aber auch an vielen Wegen liegend, und das schon seit zweitausend Jahren, wie uns ein großes gallisch-römisches Gräberfeld beweist. Wir sind nun an der Schwelle der einzigartigen Wald- und Wasserlandschaft rund um **Mur-de-Sologne**, in der nach Süden zu das *Château du Moulin* liegt, erbaut um 1500, um 1900 geschmackvoll restauriert, mit einigen sehenswerten Schauräumen, in denen die Kamine, Tapisserien und das Mobiliar den Besuch lohnen. Begraben sind die Herren von Moulin, meist tapfere Kämpfer für ihren König, in der alten Kirche des nahen **Lassay-sur-Croisne.** Wendet man sich in Mur-de-Sologne hingegen nach Norden, so passiert man den großen Wald von Morinière und erblickt, wenn er sich öffnet, zur Linken das reizende Wasser-

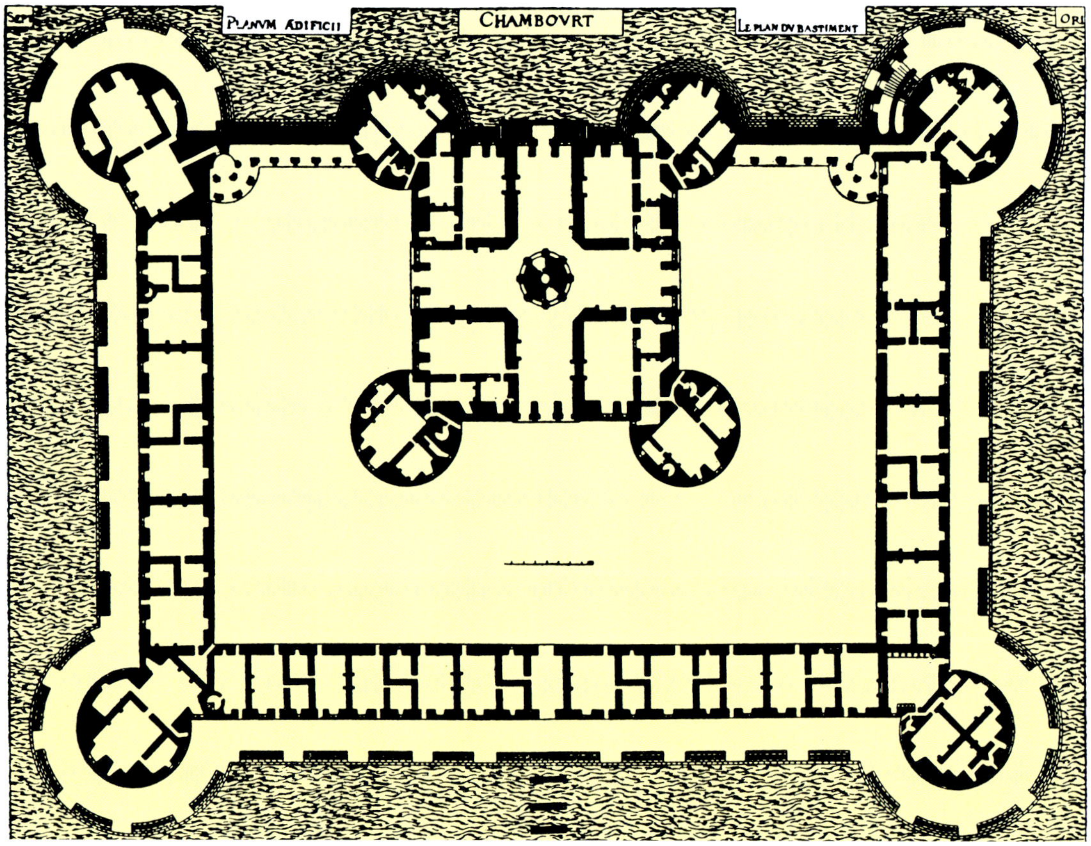

Plan der Schloßanlage von Chambord mit dem »Donjon«, dem Bergfried, als Herzstück.

schloß, das ihm den Namen gibt. Es befindet sich in Privatbesitz und kann deshalb nicht besichtigt werden, ist im Zusammenklang von Wasserflächen, Wald und Renaissancearchitektur aber so hübsch anzusehen, daß man sich zumindest seinem Anblick von außen ein Weilchen widmen sollte.

Auf schnurgeraden Waldstraßen ist man, ehe man sich's versieht, durch **Fontaines-en-Sologne** nach **Bracieux** gelangt, einem freundlichen Städtchen mit geräumigem Hauptplatz, wo man parken und sich für ein Picknick versorgen kann, was freilich nur die Ahnungslosen tun. Am Nordausgang von Bracieux liegt nämlich *Le Relais,* ein Restaurant, das seinen großen Ruf seit mehr als zwanzig Jahren verteidigt. Wie überall in Frankreich gesellen sich zu hochrangigen Sehenswürdigkeiten – in diesem Fall ist es die Schlösseransammlung Chambord-Cheverny-Herbault – die den Ansprüchen der Kulturreisenden genügenden Gaststätten. Bei Bernard Robin, dem der Michelin vier gekreuzte Bestecke und zwei seiner begehrten Sterne zubilligt, müssen wir erst aus zwei Souterrainfenstern intensive Küchendünste inhalieren, ehe wir ein Entrée à la Bocuse vorfinden, mit einem Pappkameraden, der uns die Speisekarte präsentiert. Aber dann erwartet uns ein großes gastronomisches Fest.

Da das nahe Schloß von *Villesavin* erst wieder ab 14 Uhr zu besichtigen ist, hat man die Mittagspause gut ausgefüllt. Villesavin stammt aus dem 14. Jahrhundert und scheint aus den Summen finanziert worden zu sein, die der von Franz I. ernannte Bau-Intendant von Chambord, ein Monsieur Lebreton, in durchaus moderner Manier für eigene Zwecke abzweigte. Tatsächlich wirkt das Schloß aus dem Jahre 1537 auf kuriose Weise zúfällig, als ob die Steinmetzen und Maurer, die Zimmerleute und Jardiniers von Chambord hier die überzähligen Fuhren verbaut hätten, je nachdem, wie sie anfielen. Dabei waren auch wertvolle Materialien wie Carraramarmor, aus dem die große florentinische Vase im Hof des Schlosses gefertigt wurde.

Die geräumige Orangerie des Schlosses ist, einem Zug unserer Zeit folgend, soweit ausgebaut worden, daß kleinere Kongresse und noble Zusammenkünfte an diesem Ort, nur zwei Autobahnstunden von Paris, stattfinden können.

Cheverny

Wir sind hier neun Kilometer von Chambord und sechs von Cheverny entfernt, womit sich die Frage ergibt, welches dieser Schlösser man zuerst besucht. *Cheverny* ist ungleich intimer, beinahe eher ein Manoir als ein Schloß, und es strahlt durch seine Symmetrie eine große Harmonie aus. An dem schmalen Mittelteil mit der Sieben-Fenster-Front sitzen vergleichsweise wuchtig die Eckpavillons, aber sie wirken nicht unharmonisch, sondern nehmen die feine Mitte zwischen sich wie große Brüder eine schüchterne Schönheit. Auf diese einzigartige, hell aus dem Grün leuchtende Hauptfront des Schlosses führt die D 102 beinahe zehn Kilometer so geradenwegs zu, so daß wir Cheverny schon minutenlang wie ein Märchenschloß im weiten Wald vor uns erblicken. Es ist wirklich einzigartig, selbst wenn man nicht das ganze Raffinement des Mobiliars und den französischen Hang zur Kunsttischlerei im Inneren des Gebäudes nachzuvollziehen vermag.

Auch dieses heitere Schloß hat eine düstere Anekdote, die uns keines der großartigen Gemälde dieses Schlosses, kein Clouet, kein Rigaud, kein Tizian enthüllt, sondern nur die trockenen Pfarrakten von Saint-Martin zu Blois aus den Januartagen des Jahres 1602:

Henri Hurault, Comte de Cheverny (1572–1638), war nach einer Reihe berühmter Juristen, Staatsräte und Kanzler wieder ein Mann des Krieges und diente in der Armee, so daß er seine junge Frau Françoise Chabot aus der Familie des Oberstallmeisters lange, viel zu lange, in Schloß Cheverny allein ließ. Sie tröstete sich mit einem Pagen, was – wie das oft so ist – selbst am Pariser Hof alle gewußt zu haben schienen, nur der betrogene Ehemann nicht. Da zeigte einmal bei einer Gesellschaft der König hinter Henris Kopf das bekannte Geweih, alle lachten, und Hurault erkannte in einem Spiegel, an den der König nicht gedacht hatte, daß er Ziel dieses Scherzes gewesen war.

Er verließ sofort die Gesellschaft, schwang sich auf ein Pferd und ritt die ganze Nacht hindurch von Paris nach Cheverny, wo er im Morgengrauen ankam. Seine Ankunft blieb jedoch nicht

Straßenszene in Blois zu Beginn des 20. Jahrhunderts. In der Stadt am rechten Ufer der Loire gibt es heute noch zahlreiche mittelalterlich geprägte Straßen und Gassen.

unbemerkt. Während ihm geöffnet wurde, konnte jener Page aus dem Fenster springen, brach sich dabei allerdings ein Bein und wurde von dem Grafen auf der Stelle getötet. Dann weckte Hurault den Ortsgeistlichen, zerrte ihn in das Schlafgemach des Schlosses, wo Françoise zitternd wartete, und ließ seiner treulosen Gattin eine Stunde Zeit, sich zwischen Gift und Degen zu entscheiden und dem Pfarrer zu beichten. Nach verstrichener Frist trat er wieder ein, erfuhr, daß sie das Gift gewählt hatte, und sah ungerührt zu, wie sie es in Gegenwart des betenden Geistlichen trank und starb.

Chambord

Franz I. (1494–1547) baute seiner Liebe und seinen Geliebten ein Schloß um das andere und eines immer prächtiger als das andere, und jenes Schloß, das am meisten zu geradezu metapsychischen Architekturinterpretationen herausgefordert hat, ist *Chambord.* Man hat in diesem (zugegeben seltsamen) Schloß »eine oft kaum wahrnehmbare, fein verteilte Verdammnis« aufgespürt, oder aber »Andeutungen, vergleichbar bestimmten primitiven Organen, etwa den Merkmalen des Hermaphroditismus«; Chambord sei »ein Geheimnis, in vielen Andeutungen aufschimmernd, doch nie zu enträtseln«, weil »dieses zugleich lebendige und schauerliche, gastliche und geheimnisvolle, lichte und düstere, vernünftige und unsinnige Werk vor allem doch die Verwirklichung eines Traumes« ist.

Blick auf Blois zu Jahrhundertbeginn.

Diese Sätze stammen von dem Schriftsteller Pierre Gascar – Prix Goncourt 1953. Er erlebte Chambord als eine Art Cheopspyramide, als einen Bau, der immer rätselhafter wird, je näher man ihn kennenlernt, als ein Schloß, ähnlich denen, die Franz Kafka oder Julien Green uns geschildert haben. Zweifellos ist kein anderes der Loireschlösser für eine halluzinatorische Interpretation dieser Art geeigneter als Chambord, und man müßte weit reisen, bis zu den leeren Mauern des alten Doria-schlosses von Dolceacqua oder zum Rohanschloß von Josselin in der Bretagne, um einen zugleich so gefälligen und doch auch so merkwürdigen Bau zu finden, der uns in vielem so wenig vernünftig scheint und daher viel Raum für Vermutungen läßt.

Wir wissen von Chambord und seiner Entstehung sehr wenig. Wir kennen nicht einmal die Architekten mit Sicherheit, und von allen Namen, die uns überliefert sind, schiebt sich keiner eindeutig in den Vordergrund.

Schon bei der Ankunft geht es eigentümlich zu. Man betritt das Schloß vom Süden her, aus dem ungeheuren Parkgelände, sieht eine unschlüssige Besuchermenge, die sich im Warteraum drängt, als sei sie aus dem Schloß hierher, in die Gegenwart, in die vertraute Umgebung der Plakate und Verkaufsstände geflohen. Und dann fühlt man sich hineingestoßen in dieses viel zu große Schloß, in dem nicht einmal das gewohnte Gemurmel der Führer den Gast begleitet, sondern endlose leere Räume aufeinanderfolgen. Nur im ersten Stock, wo Ludwig XIV. mit gewohnter Großzügigkeit für sich einiges ändern ließ, hängen Bilder und Tapisserien, gewinnt man einen Eindruck von der Atmosphäre, in der hier der Sonnenkönig (der das Schloß wiederholt für längere Aufenthalte nutzte) und der polnische König Stanislaus I. Leszczyński (1677–1766) lebten.

Gebaut aber wurde Chambord, 156 mal 117 Meter groß, für Franz I. an der Stelle eines alten Schlosses, das einst Thibaut der Betrüger, Graf von Blois, hatte errichten lassen. Franz liebte die Jagd, und jagen könnte man in den an Hirschen und Wildschweinen überreichen Wäldern von Chambord heute noch wie nirgends sonst in Frankreich, wäre das Gebiet nicht zum nationalen Wildreservat erklärt worden, also zu einer Art Vorratskammer für lebendiges Jagdwild.

Franz I. hatte die Gegend der Jagd wegen gewählt, doch galt sein Interesse nicht minder der schönen Bewohnerin eines nahen Schlosses: der Comtesse de Thoury.

Als die Pläne für Chambord entworfen wurden, lebte Leonardo da Vinci noch in Clos-Lucé, und es wäre eigentlich merkwürdig, wenn der Monarch den großen Schloßbau, einen Plan, der soviel kosten sollte wie ein ganzer Feldzug, mit dem bedeutendsten seiner kundigen Freunde nicht besprochen haben sollte. Franz war es gewesen, der Leonardo nach Frankreich geholt hatte, der ihn immer wieder konsultierte, und der vielleicht ein einziges, wenn auch wichtiges Detail von ihm erbat: die Zeichnung einer Haupttreppe, auf der zwei Gruppen von Menschen aufwärts oder abwärts gehen können, ohne einander zu begegnen.

Das Wunderwerk dieser Treppe, in den Plänen *Escalier méridional* genannt, findet sich mitten im Donjon, also im Innersten des großen Schlosses; es ist seine Seele, wobei man diesen Begriff hier auch als den Lebenskern verstehen kann. Denn die Doppelwindung, die Stockwerke und Gardensäle in verschiedenen Etagen zu erreichen und zu verlassen gestattet, ist ein Bauwerk von alchimistischer Hermetik und konnte gewiß den Genius eines Leonardo reizen. Und doch ist es nur eine von insgesamt dreiundsechzig Treppen des ganzen Schlosses.

Nächst dieser Treppe wird das Dach am meisten besprochen, das Dach über dem Donjon, der ja nicht nur seine vier Türme in den Himmel schickt, sondern eine Unzahl von Giebeln und Laternen, Kaminen und Campaniles. Und das sieht nun tatsächlich so aus, als hätten da verschiedene Architekten neben- und gegeneinander gearbeitet.

Es gibt neben diesen Kultschlössern mit ihren offenbaren und geheimen Reizen Sehenswürdigkeiten sehr persönlicher Art, das heißt Anblicke, die uns weniger in Aufruhr versetzen als ansprechen, wie die liebenswürdig-bizarre Kirche von **Cheverny,** die so aussieht, als hätte man ein Mittelding zwischen Stehcafé und Kirche zu bauen versucht, wo man plaudernd beisammen bleiben kann, wenn der Geistliche längst am Mittagstisch sitzt. Eine andere dieser leisen Attraktionen ist die Gemäldegalerie von Schloß *Beauregard,* nicht weniger als 363 Herren und Damen, die einst sehr bekannte Namen hatten, eine Epoche repräsentierten, und die heute als namenlose Gespenster nur noch von der Vergänglichkeit allen Ruhmes zeugen.

All dies liegt in soviel Grün, daß die Bezeichnung *Parc de Chambord* zumindest für uns Besucher aus dem engen Deutschland wie eine Herausforderung klingt, denn er bedeckt zwischen Herbault und der Loire ein schräges Geviert von etwa 15 mal 15 Kilometern, in der Mitte die *Réserve Nationale de Chasse,* davon 33 Kilometer von einer Mauer begleitet. Man kann in kleinen, wohl der Touristen wegen wohlgepflegten Dörfern rasten wie etwa in **Mont-près-Chambord,** oder **Cour-Cheverney,** und man hat, wenn man seinen Gedanken nachhängen will, die einsamsten Waldstraßen zur Verfügung, beinahe ohne sie suchen zu müssen. Sie führen etwa von Schloß *Villesavin* an Waldstücken entlang und über die Felder zu den Hadriansbrücken *(Ponts d'Arian),* eine gängige Übersetzung, für die ich meine Hand nicht ins Feuer legen würde, aber dem vielreisenden Kaiser wird ja so manches in die Schuhe geschoben, was uralt und wohlgefügt bis auf unsere Tage gekommen ist. Und das trifft für die drei in kurzen Abständen aufeinanderfolgenden Brücken zweifellos zu; schließlich wurde ein Dutzend Kilometer weiter ostsüdöstlich, bei **Millancy,** ein großes Römerlager ausgegraben. Über die Brücken gelangt man nach **Fontaines-en-Sologne** und zum Schloß von **Fresnes** aus der Zeit Ludwigs XIII.

Die romanische Abteikirche Saint-Benoît-sur-Loire (Aufnahme um 1920).

Der Osten der Sologne

Die bekannte, ja in gewissem Sinn prominente Sologne der Schlösser, Herrensitze und schmukken Dörfer, wohlgepflegt und voll erschlossen, läßt uns vergessen, daß dieses fünftausend Quadratkilometer große Gebiet bis zur Mitte des vorigen Jahrhunderts ein Sorgenkind jener Pariser Regierungen war, die nicht mehr – wie ihre bourbonischen Vorgänger – in der Sologne einzig ein großes Jagdrevier sahen. Der jagende Adel hatte sich nämlich um die Menschen, die dort lebten, herzlich wenig gekümmert. Greifen wir mit unseren Autopromenaden weiter nach Osten aus, über **Souvigny** bis zum Etang du Puits, der mit beinahe zweihundert Hektar durchaus auch ein See genannt werden kann, dann geht uns auf, daß eine Landschaft so undurchlässiger Böden, mit zahllosen Teichen und ausgedehnten Sümpfen einst ein Herd von Fiebern und Seuchen gewesen sein muß, und es ist das Verdienst Napoleons III., daß dies anders wurde. Der intelligente Abenteurer, der in Frankreich durchaus legal mit großen Wahlsiegen an die Macht kam, hatte, schon ehe er Kaiser wurde, sehr viel für die Sologne getan, Kanäle und Wassergräben ziehen lassen, ausgedehnte Fichtenanpflanzungen befohlen, bessere Wege gebaut und die Böden systematisch verbessert.

Es sind durchaus erfreuliche Eindrücke, die wir hier in uns aufnehmen, auch wenn unsereiner von einer Sommerreise mehr erwartet als die französischen Sologneurlauber, die sich mit Angeln zufriedengeben, mit stillen Camps, Fahrradausflügen und den neuen Tennisanlagen, wie sie beispielsweise in **Nouan, Lamotte-Beuvron** oder **Ménestreau** angeboten werden. Ein großes Tiergehege bei **Montevran** ist keineswegs überlaufen (südlich von La Ferté-Saint-Aubin), und die alte Hauptstadt der Sologne ist schon allein einen Ausflug wert, sofern man sich durch ein paar neue Stadtviertel nicht beirren läßt: **Romorantin-Lanthenay,** locker verbaut mit einem Kern alter Häuser, ist die Stadt der Jugendstreiche des späteren Königs Franz I. Von der Sauldrebrücke genießen wir Ausblicke auf die reizvollen Uferpartien mit Fachwerkhäusern und Renaissancefassaden.

Die Durchquerung der östlichen Sologne auf dem Weg nach Sully und Saint-Benoît-sur-Loire ist für den an bundesdeutschen Verkehr gewöhnten Fahrer eine Erholung auf vier Rädern. Über **Isdes** mit seiner alten Kirche, links vorbei am Forêt von Sully, erreichen wir das Schloß von

Sully-sur-Loire, das sich der große Minister Heinrichs IV. hier erbaut hat, und die Loirebrükke, über die wir nach **Saint-Benoît** gelangen. Das Schloß, von außen eine wahrhaft gewaltige Festung, empfängt uns innen eher karg im Vergleich mit den elegant möblierten Prachtbauten der westlichen Sologne. Wir gehen durch Säle aus dem Mittelalter, sehen in der Grabkapelle eine Nachbildung von Sullys Grabmal, empfangen als bleibende Eindrücke aber eigentlich nur die wie für die Ewigkeit gezimmerte Balkendecke des großen Saales, der zwei Kamine brauchte, um benutzbar zu sein.

Kloster Saint-Benoît

Saint-Benoît, am Rand der Sologne gelegen, war trotz der nahen Wälder kein Rodekloster, sondern eine bedeutende Bildungsstätte aus karolingischer Zeit; schon ein halbes Jahrtausend vor der Gründung der berühmten mitteleuropäischen Universitäten lehrte man hier die sieben Freien Künste (Grammatik, Rhetorik, Dialektik, Arithmetik, Geometrie, Musik, Astronomie) unter Rektoren, die Karl der Große eingesetzt hatte. Die Krypta, der Chor und das Querschiff der Abteikirche stammen aus dem 11. Jahrhundert, doch ein halbes Jahrtausend später war all die Herrlichkeit zu Ende: In den Religionskriegen wurde die Abtei geplündert, das Gold der Sakralgegenstände eingeschmolzen, die berühmte Bibliothek unersetzlicher Handschriften zwar nicht verbrannt, aber verstreut und verschleudert.
Die Besichtigung des Klosters ist leider nur in Gruppen möglich, was besonders in der Krypta Enge und Störungen schafft, aber man sollte sich nicht abhalten lassen, das Grab des heiligen Benedikt zu besuchen, wie es seit dem Jahr 821 viele Tausende getan haben. Eine Gedenktafel in der Basilika erinnert an den jüdischen Maler und Dichter Max Jacob (1876–1944), dessen Werke erst in den letzten Jahren beinahe alle auch wieder auf deutsch zugänglich sind: Jacob hatte sich in den Schutz der Mönche geflüchtet, hatte jahrelang Besuchern als Führer durch die Kirchen- und Klostergebäude gedient und war dann doch nach Drancy gebracht worden, wo er 1944 starb. Frühere Zeiten wie die des so übel beleumundeten Absolutismus, waren dagegen bedeutend menschlicher: Voltaire, wegen seiner bissigen Texte aus Paris verbannt, lebte von 1716 bis 1719 auf dem nahen Schloß Sully wohl nicht mit dem Komfort der Hauptstadt, aber im wesentlichen unbehelligt.

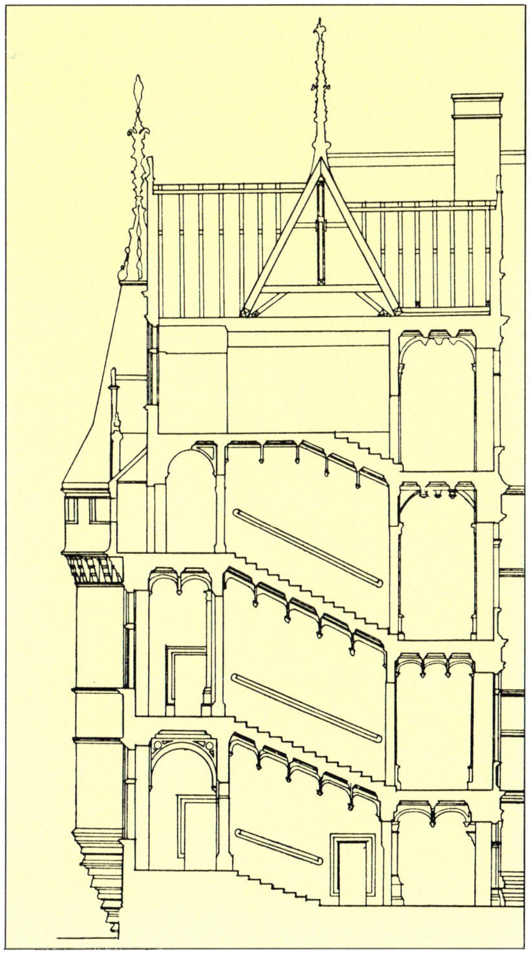

Das Renaissanceschloß Azay-le-Rideau. Schnitt durch den Treppenaufgang.

Im Tal der Indre

Die Indre ist einer der vielen sanften Flüsse Frankreichs. Ihr Ursprung liegt nur 500 Meter über dem Meeresspiegel, der Lauf ist mit etwa 260 Kilometern nicht sonderlich lang, und die Mündung in die Loire ist kein festlicher Zusammenfluß wie zwischen Inn und Donau oder Rhône und Saône, sondern ein friedliches Netzwerk der Wasserläufe auf mehr als zehn Kilometer Länge.
Inmitten dieses feuchten Labyrinths liegt das Dornröschenschloß *Ussé,* still, schön und eigenartig, wie es Mauern geziemt, zwischen denen nach der französischen Ausdrucksweise die Schöne im Wald noch immer schläft (»La Belle au Bois dormant«).
In dem schon vor 1480 errichteten Donjon entstand eines der erfolgreichsten französischen Benimmbücher von Jean de Bueil, Comte de Sancerre (1405–1477). Zu den literarischen Traditionen von Ussé gehört auch, daß es 1807 in den Besitz der herzoglichen Familie Duras überging, der Marguerite Duras (geboren 1914) entstammt. Die heutigen Besitzer des Schlosses, die Familie des Marquis de Blacas, sind Verwandte der bedeutenden Schriftstellerin.

Azay-le-Rideau

Nach einem vorsichtigen Bogen um den Artillerieschießplatz im Wald von Chinon erreichen wir **Azay-le-Rideau**, eine Art unvollendete Sinfonie unter den Schlössern der Touraine und vielleicht gerade darum so einzigartig, zugleich schön und schüchtern zwischen seinen Wasserflächen und in einem kleinen Park gelegen, der so intim ist wie das Schloß selbst. Sein Name hat mit »rideau« im Sinn von Vorhang nichts zu tun, sondern bezieht sich auf den ersten Besitzer des Schloßgrundes, einen Seigneur de Ridel, einen Gegner der Plantagenets. Erst 1518 bis 1529 entstand der heutige, auf vier Bauelemente berechnete Komplex, von dem jedoch nur zwei Flügel ausgeführt wurden, weil der Finanzmann Berthelot seine Mittel doch überschätzt hatte oder in Turbulenzen geraten war.
Die architektonischen Besonderheiten des kleinen Schlosses haben schon Balzac entzückt. Spielerisch kombiniert wurden italienische Elemente mit Bauteilen aus dem Mittelalter, die militärisch längst keine Bedeutung mehr hatten. Es wohnten denn auch keine Kriegsleute in dem

Grundriß der zweiflügeligen Schloßanlage von Azay-le-Rideau (16. Jahrhundert).

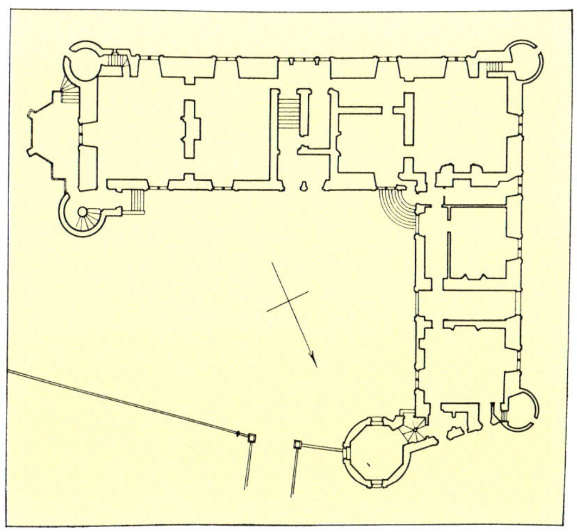

hübschen kleinen Schloß, sondern – als Berthelot sich vor der Justiz nach Lothringen abgesetzt hatte – die Diplomatenfamilie de Beringhen. Heute ist Azay in Staatsbesitz, wohlgepflegt und durch Mobiliar zum Teil aus anderen Schlössern besonders reich ausgestattet.

Von Azay stromaufwärts erweist sich die Indre als gesitteter Fluß, der sich mit einem Bett begnügt und keine großen Aulandschaften mehr bewässert. Wegen der großen Selbständigkeit, die in Frankreich die Département-Verwaltungen genießen, hat man mitunter den Eindruck, nach der Département-Grenze ein anderes Land zu betreten. An der Indre jedenfalls herrscht, sehr zum Vorteil des Tales und seiner Umgebung, auffällige Sauberkeit, höflich erläuterte Strenge hinsichtlich aller Umweltvorschriften. Die Indre unterstützt diese Bemühungen durch einen vielfach gewundenen Lauf, der sich der Entstehung von breiten Schnellstraßen entgegenstellt, wohl aber immer wieder reizvolle Nischen für Schlösser und hübsche Dörfer bildet. Es gibt so gut wie keine Anzeichen eines Wandels, was man als wirtschaftlich wenig orientierter Tourist begrüßen darf, da die Idylle dieses Tales keine Anzeichen von Armut oder gar Verwahrlosung trägt, wie man sie gelegentlich im Norden und im lothringischen Osten Frankreichs findet. Nicht alles, was an der Indre sehenswert wäre, darf man aber auch besichtigen. So wünschen Seine Erlaucht der Graf von Montlivault auf Schloß *Vonne* (gelegentlich Vonnes geschrieben) ungestört zu bleiben. Der charmante Bau aus dem 17. Jahrhundert, eher Manoir als Schloß, besteht ähnlich wie Cheverny aus zwei geräumigen Pavillons, die das Treppengebäude zwischen sich haben. Man sieht dem Bau nicht an, daß er die Belohnung für sehr viel vergossenes Blut war: Casimir-Maurice Guyon, Comte de Montlivault (1771–1846) erwarb sich die Gunst seines Königs durch die unmenschliche Niederwerfung des Bauernaufstands von 1816. Balzac scheint dies nicht gestört zu haben, er liebte das Manoir von Vonne und setzte ihm in dem Roman »Le Lys dans la Vallée« (1835) ein Denkmal.
Am anderen, dem südlichen Ufer der Indre, liegt Schloß *Saché,* seit 1958 im Besitz des Départements und seither ein Pilgerziel für die vielen Leser und Verehrer des sehr bürgerlichen Balzac, der das »de« vor seinem Namen so sehr schätzte. Aber nicht er, sondern sein Halbbruder Henri hatte in Monsieur de Margonne, Besitzer von

Der Schriftsteller Honoré de Balzac (links) und sein Dichterkollege Alfred Comte de Vigny.

Saché, einen adeligen Vater. In dem Balzacmuseum des einem großen, wohlgefügten Gutshaus ähnelnden Schlosses sind einige private Balzacsammlungen vereint, und man kann sich ein Bild von der Einrichtung und der Stimmung seiner Arbeitsräume machen. In den vielen Monaten, die Balzac hier weilte – angeblich stets auf der Flucht vor seinen Gläubigern –, entstanden wichtigste Werke wie »Louis Lambert« oder der »Père Goriot«. Sein Arbeitszimmer, klein wie eine Mönchszelle mit einem Baldachinbett, ist völlig unverändert geblieben.

Um den Pont-de-Ruan

Um diese Brücke gruppieren sich gleich drei Schlösser, was die Beliebtheit dieses verschwiegenen Tales beweist: In **Artannes** erhebt sich das Schloß ganz nahe am Nordufer der Indre. Es stammt aus dem 15. Jahrhundert und wurde recht glücklich restauriert. Auch die Kirche im Ort ist sehenswert. Besonders hübsch liegt **Monts** auf dem Südufer, und nach der Begegnung mit der A 10, die hier das Indretal durchschneidet, erwartet uns **Montbazon** mit einem zwar nur 28 Meter hohen, aber auf seinem Felsvorsprung gigantisch wirkenden Donjon aus dem 12. Jahrhundert. Er ist von kleineren Ruinen umgeben, die noch älter sind. Dieses Wahrzeichen, die reizende Tallage im Grünen und der Fluß haben Montbazon viel Sympathie und manchen Ehrentitel eingebracht, und in früheren Zeiten, als man sich im Sommer noch erholen wollte, ohne zu besonderen Erlebnissen animiert zu werden, war Montbazon einer der Lieblingsaufenthalte für das bürgerliche Paris, aber auch für viele Familien aus dem nahen Tours. Auf wen dies alles letztlich zurückzuführen ist, steht außer Zweifel: Solche Festungstürme baute in der Touraine nur Fulco Nerra; er lebte daneben auch oft in der Nähe der Abtei von Cormery, während die Herzöge von Montbazon das Château de Couzières bei Veigné als Wohnsitz hatten.
Zwischen Artannes und Cormery erweist sich das Indretal also in seinem Nordbogen als besonders dicht besiedelt; eine Herrschaftswohnung fügt sich an die andere, und dies offensichtlich nicht erst seit jüngerer Zeit: Die Kirche von **Esvres** birgt Statuen aus dem 12. Jahrhundert und noch älteren Figurenschmuck, und *Cormery* wurde schon in karolingischen Zeiten gegründet und war ein Lieblingskloster des großen Alkuin (735–804). Dieser bedeutende

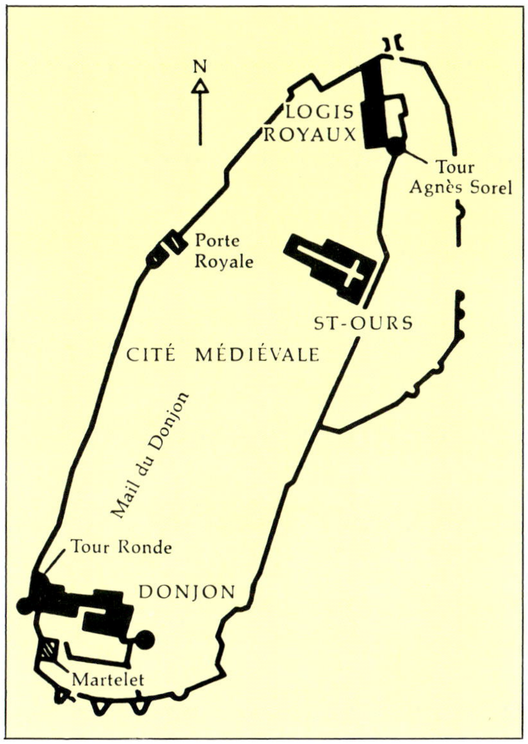

Oben: Loches. Plan der mittelalterlichen Stadt.
Rechts: Alte Kanzlei in Loches (Foto um 1920).

Lehrer, eine Art Unterrichtsminister Karls des Großen, ließ Cormery viel Förderung angedeihen. Befestigungen der alten Abtei und ihr berühmtes Refektorium aus dem 13. Jahrhundert sind heute noch zu sehen; im Friedhof bei der romanischen Pfarrkirche steht eine *Lanterne des Morts* aus dem 12. Jahrhundert, ein schlanker Turm aus durchbrochenen Wänden, in dem in der Nacht eine Laterne brannte.

Dieser schlanke Bau mit seiner seltsamen Funktion geht vermutlich auf ein bis heute unaufgeklärtes, düsteres Ereignis aus dem Jahre 1619 zurück. Damals fand auf Schloß Couzières die Versöhnung zwischen Maria von Medici und ihrem Sohn, König Ludwig XIII., statt; ein bretonischer Kavalier namens Yves de Karvanec machte sich in einem Gewaltritt zum Ort des Treffens auf, weil seine Braut dem Gefolge der Königinmutter angehörte und dank der Versöhnung nun ein Wiedersehen möglich war. Karvanec aber kam nie auf dem Schloß an! Seine Braut Renée du Breil unternahm verzweifelte Nachforschungen, und erst ein halbes Jahr später entdeckte man in den Sümpfen des Flüßchens Mardereau Roß und Reiter tot und so verwest, daß sich die Todesursache nicht mehr feststellen ließ. Das stille Indretal war damals also zumindest nachts nicht ungefährlich, und die Totenlaterne sollte vielleicht als Wegweiser dienen, oder aber als Schutz vor dem unruhigen Geist des Bretonen, der seither mit seinem Pferd an der Indre umgehen soll.

Wir befinden uns hier, im Herzen der Touraine, in einer Landschaft der Wunder und der Wundergeschichten, aber wer auf der »Aquitaine« durchrast, wie die Autobahn nach Süden hier heißt, oder auch auf der schnurgeraden N 143, der hört und sieht von alldem nichts.

Dabei handelt es sich keineswegs nur um alte Geschichten: Zwei Kilometer von Montbazon, in Ripault, fabrizierte man so lange das Pulver für die französischen Armeen, bis das Gelände für die Montage der französischen Atombomben gebraucht wurde. Davon ahnte der unglückliche britische Thronanwärter, später Edward VIII. (1894–1972) freilich nichts, als er auf dem verschwiegenen Schloß Candé, in den Hügeln des rechten Indreufers gelegen, am 3. Juni 1937 jene Mrs. Wallis Warfield-Simpson heiratete, derentwegen er fortan als Herzog von Windsor durch die Gesellschaftskolumnen geistern sollte (dem Schlößchen hat es gutgetan, es stammte nämlich aus dem Jahre 1508 und hatte eine Restaurierung dringend nötig). Der Herzog war aus Österreich nach Candé gekommen, ein Geistlicher der anglikanischen Kirche vollzog die Trauung.

Ein paar Kilometer weiter stromaufwärts, dort, wo der Indrois sich in die Indre ergießt, liegen zwei Herrensitze so nahe beisammen, daß man sich fragen muß, wozu ihr Besitzer denn beide gebraucht hat. Der eine heißt denn auch *La Follaine* (»La folle« = die Verrückte), der andere ist *Azay-sur-Indre* in bezaubernder Lage über beiden Flüssen. Sie gehörten einer der schillerndsten Figuren der französischen Geschichte, nämlich Marie Joseph de Motier, Marquis de La Fayette (1757–1834). Er war Held des amerikanischen Unabhängigkeitskrieges, in der Französischen Revolution aber Verräter an seinem König – als Kommandant der Nationalgarde hätte er dank seiner ungeheuren Popularität Ludwig XVI. und Marie Antoinette zwar vielleicht nicht den Thron, gewiß aber das Leben retten können. Napoleon war es, der La Fayette später aus der Festungshaft von Olmütz befreite, aber der Marquis verriet auch Napoleon.

La Fayette kehrte später nicht mehr hierher zurück: Trotz einer amerikanischen Ehrengabe von 200 000 Dollar (damals ein Vermögen) hatte er die Besitzungen im Indretal nicht halten können.

Der Schloßpark von Azay, nahe den sich vereinigenden Flüssen, das kleine Schloßdorf und La Follaine am Indrois, sie liegen in selbstgenügsamer Schönheit vor uns und bilden einen der reizvollsten Punkte des langen Tales.

Ehe wir uns Loches, einem Hauptort des Indretales, nähern, sollten wir uns auf der Karte klar machen, wie nahe wir den schönen Paralleltälern von Claise und Creuse sind, die – sofern die Zeit reicht – einen Tagesausflug mit den angenehmsten Eindrücken erfüllen können. Höhepunkte solch eines Tages wären die *Abtei von Fontevrault* (auch Fontevraud geschrieben), wo Aliénor d' Aquitaine, ihr Gemahl Heinrich II. von England und ihr berühmter Sohn Richard Löwenherz begraben liegen. Fährt man über **Châtellerault**, den Geburtsort des Philosophen Descartes, weiter talaufwärts, so erreicht man mit *La Guerche*, an einer Creusebrücke gelegen und *Le Grand Pressigny* an der Claise zwei besonders sehenswerte Schlösser, die heute beide Museen bergen und darum zu allen Jahreszeiten zugänglich sind. Den Abschluß des Abstechers bildet eine Benediktinerabtei in *Fontgombault* mit einer der schönsten romanischen Kirchen Mittelfrankreichs.

Loches

Loches ist heute in einem noch höheren Maß als in früheren Jahren lohnend und ein Höhepunkt jeder Tourainefahrt, denn die Perle Blois hat sich zu einem Klein-Paris entwickelt, Orléans und Tours sind Opfer der neuen Autobahn und des hektischen Städtewachstums geworden, und Angers hat durch radikale Baumaßnahmen in seinem Zentrum viel von seinem »Cachet«, seinem Gepräge, verloren. Der Kreis der mittelalterlich gebliebenen Stadtkerne wird somit immer kleiner, aber auch immer wertvoller, und Loches ist – im doppelten Schutz von Burgberg und Umfahrungsstraßen – geblieben, wie es war, ein bedeutungsschweres Kleinod, dessen Bewohner von all der großen Historie eher animiert als erdrückt erscheinen.
Die kleine Stadt genießt die Ehre, schon in den »Fränkischen Geschichten«, einem zehnteiligen Werk des einzigartigen, weil lehrreich-unterhaltenden Gregor von Tours (entstanden zwischen 575 und 594), erwähnt zu werden. Danach hat Bischof Eustachius von Loches einige Kirchen an der Indre nach den Zerstörungen im Zusammenhang mit der Völkerwanderung wiederaufgebaut und die Befestigungen von Loches wieder instandgesetzt. Der ausgedehnte Wald im Osten von Loches muß in den unruhigen Zeiten wiederholt als Zuflucht gedient haben, denn hier finden sich noch uralte Ruinen, Reste einfachster Bethäuser und primitive Fluchtburgen über und unter der Erde, deren Rolle aufzuhellen nicht mehr möglich ist. Zweifellos hat sich hier zwischen dem Vandalendurchzug zu Beginn des 5. Jahrhunderts und der Entstehung der Merowingerreiche so mancher gerettet oder ein Leben im Verborgenen gefristet.
Die große Festung ist – nach der Zerstörung von zwei Vorgängerbauten – ein Werk von Fulco Nerra; sie hielt ihm den Rücken frei, wenn er in der Sologne oder anderswo Krieg führte. Nur die tüchtigsten Belagerer vermochten Loches mit seiner unzugänglichen Festung, der »Stadt« über der Stadt, einzunehmen: König Richard Löwenherz von England im Jahre 1194 und König Philipp August, als er sie 1205 (nach einem vollen Jahr!) für Frankreich zurückerobern konnte. »Loches hat noch heute etwas Verwunschenes«, schrieb der deutsche Dichter Herbert Günther, »nur ein einziges Tor führt mit der Rue du Château in das verwinkelte Städtchen voll halbverfallener Adelspaläste, behaglicher Renaissancebauten und Märchengärten.«

Zeitgenössisches Porträt Katharinas von Medici.

Das Tor wird von zwei mächtigen Türmen aus dem 13. Jahrhundert flankiert und öffnet sich auf eine erstaunlich ausgedehnte Burganlage, deren Selbstgenügsamkeit vermutlich eine Ursache für den langen Widerstand war, den sie leisten konnte; sie war eine kleine Stadt über der größeren, mit einer eigenen Kirche. In der *Eglise Saint-Ours* lebt die Erinnerung an das erste Kloster weiter, das schon in Zeiten römischer Besatzung bei Loches gegründet worden sein soll.
Der Wohnteil trägt den Namen *Logis royal,* denn Karl VII. und Karl VIII., Ludwig XI. und Ludwig XII. residierten hier, Jeanne d'Arc traf sich hier mit dem späteren König Karl VII., der hier die schöne Agnes Sorel an der Seite hatte, wohl die edelste Erscheinung in der langen Reihe französischer Mätressen. Sie ruht in einem nach ihr benannten Turm aus dem 13. Jahrhundert, nachgebildet in einem berühmten Gisant, den Kopf auf ein Kissen gestützt. Das Grabmonument für die Königsgeliebte gleicht dem Grab einer Heiligen, und ein Opfer war sie auf jeden Fall, denn ein Thronfolger wie der spätere elfte Ludwig scheute vor keiner Untat zurück. Als sie vierzigjährig starb, war ganz Frankreich überzeugt, sie sei vergiftet worden.

Loches war um einiges mehr als andere Touraineschlösser eine Stätte solcher und anderer Leiden, denn die tiefen Verliese dienten durch Jahrhunderte der Verwahrung besonders wichtiger oder gefährlicher Gegner der Krone wie etwa des 1452 geborenen Mailänder Herzogs Lodovico Sforza (il Moro). Als er nach acht Jahren Haft 1508 wieder das Tageslicht erblickte, tat er noch einige Schritte und brach dann tot zusammen. Unterhalb des Sforzakerkers lag das Verlies, in dem Jean de Poitiers, Seigneur de Saint-Vallier, wegen seiner Teilnahme an einer Verschwörung gegen Franz I. so lange gefangen saß, bis seine Tochter Diana, eine der schönsten Frauen ihrer Zeit, den galanten König bewegen konnte, ihren Vater zu begnadigen. Mit welchen Mitteln dies gelang, ist nur zu vermuten. Wenig später wurde sie Witwe und herrschte als die junggebliebene Geliebte Heinrichs II. beinahe drei Jahrzehnte lang über Frankreich.

Von Loches nach Châtillon

Verläßt man das idyllische Loches, in dem das Mittelalter noch so lebendig ist, in südlicher Richtung, greift unsere Zeit wieder blitzschnell zu und reißt uns auf schnurgeraden Straßen fort, so daß sich die Sehenswürdigkeiten am Wege gar nicht so leicht finden lassen. Man muß schon den Mut zur Promenade haben, jedem Zeitplan abschwören und einfach der Tatsache vertrauen, daß es in der Touraine neben den offenbaren Schönheiten auch unendlich viel verborgene gibt: Die durch reizende Landschaftsbilder zum Erlebnis werdenden Nebenstraßen nach **Ligueil,** vorbei an der alten Kirche von **Esves-le-Moutier;** von Ligueil nach Südosten zurück wegen einer originellen Kirche: Sie steht in **Ferrière-Larçon,** hat ein romanisches Schiff aus dem 11. Jahrhundert, einen Chor aus dem 13. und einen Turm aus dem 12. Jahrhundert, das Ganze höchst unkonventionell zusammengebaut.
Über **Betz-le-Château** und **Bridoré** können wir an die Indre zurückkehren: Die Reste des Schlosses von Betz lassen erkennen, daß es mit drei unterirdischen Etagen eine einst schwer einzunehmende Festung und ein schauriges Gefängnis gewesen sein muß, und in Bridoré, wo die Karte uns nur Ruinen verheißt, stoßen wir zwar auf uralte Schloßmauern, in deren Schutz sich aber freundliche, geschmackvoll ausgebaute Nebengebäude, die alten *Communs,* präsentieren. Von der Straße her nicht einzusehen, zeigen sie

Leben nur durch die vielen Blumen vor Mauern und Fenstern, und wenn man das Eingangsglöckchen lange genug schwingen läßt, öffnet sich auch ein Tor. Die alte riesige Schloßfront mit ihren Zinnen dominiert diese verborgene Idylle aber so abschreckend, daß in ihrem Schatten nicht einmal geparkt wird: Die Autofahrer von Bridoré nehmen es lieber mit der Sonne auf als mit den Geistern eines offensichtlich erfolgreichen Mörders unter den Schloßherren früherer Zeiten: Ein Hotel im Ort heißt »Barbe Bleue« (Blaubart), ob nach Imbert de Bastarnay, der das Schloß im späten 15. Jahrhundert erbaute, oder nach einem seiner Nachfolger weiß niemand mehr zu sagen. In der Krypta der Kirche aus derselben Zeit liegen sie alle, Brave und Sünder, zu Füßen des heiligen Rochus.

Auch **Châtillon-sur-Indre**, die Kleinstadt an der N 143, besitzt noch ihren Donjon und eine große Kirche, an der bis 1182 beinahe hundert Jahre lang gebaut worden war, ehe Petrus Janitoris durch Kapitelle und aufwendigen Figurenschmuck dem Gotteshaus die bemerkenswerte Innenausstattung geben konnte.

Porträt der Agnes Sorel als Madonna.

Nach Süden bis Châteauroux

Die Indre, hier schon in verschiedene Wasserläufe verzweigt, umschließt auf der Höhe von **Clion** eine Insel mit dem Schloß *Savary.* Man rollt auf breiter Schotterstraße geradewegs auf den imposanten Schloßvorplatz, vor die Fassade im Renaissancestil, die Guillaume de Varye vor einem im übrigen durchaus wehrhaften Bau aufrichten ließ. Varye wußte auch warum: Er war einer der engsten Berater des Großkaufmanns und Münzherrn Jacques Coeur, um den sich bis heute so manche Legende spinnt. Als Coeur (zu deutsch: Herz) durch großzügigen Geldverleih an die Großen des Hofes diesen lästig geworden war und sich zudem bei gewagten Finanzoperationen mit der Levante so manche Blöße gegeben hatte, klagte man ihn fälschlich der Ermordung der Agnes Sorel an, beschlagnahmte seine Güter und zwang ihn zur Flucht auf die ägäische Insel Chios. Erst 1463 wurde Coeur rehabilitiert, unter Ludwig XI., der ja am besten wußte, wer Agnes Sorel vergiftet hatte, und neben den Kindern des Kaufmanns und ehemaligen Ministers erhielt auch Guillaume de Varye seinen Besitz zurück.

De Varye war als eine der ersten modernen Managerfiguren der Wirtschaftsgeschichte eine durchaus anachronistische Erscheinung: Sehr klein und schwächlich verließ er sein Büro nur ungern, dirigierte und überwachte von dort aus aber die Waren- und Geldströme wie die Spinne in einem Netz, das Europa und den ganzen Mittelmeerraum überspannte. Zuletzt am selben Tag verhaftet wie sein Herr, vermochte de Varye schon nach wenigen Stunden wieder zu entfliehen, vielleicht mit Hilfe seiner adeligen Schwiegereltern, denen das feste Schloß La Guerche, am Ufer der Creuse, gehörte. Der eindrucksvolle Bau von Savary – er befindet sich heute in Privatbesitz – hat offensichtlich einmal bessere Zeiten gesehen, hat sich aber zumindest zum Teil dem Publikum geöffnet, nicht gerade als Schloßhotel, aber doch mit einigen feudalen Ferienwohnungen.

Da die N 143 mit ihrem Schnellverkehr das Südufer der Indre beherrscht, setzen wir von der Schloßinsel gleich nach Norden über und halten ehrfürchtig unter Schloß **Palluau**, das am oberen Ende einer Achtzig-Stufen-Treppe über dem Ort liegt und architektonisch eine sehr interessante Lösung für seine Erneuerung bietet: Der mittelalterliche Kern blieb ebenso erhalten wie die Unterbauten aus dem 12. Jahrhundert. An diesem Mittelteil aber wurden im 15. Jahrhundert Wohnflügel symmetrisch links und rechts angesetzt. An der Südwestecke erhebt sich der nach König Philipp August benannte Festungsturm: Er hatte ihn im Jahr 1188 den Engländern entrissen. Mit einer Mauerdicke von 9,50 Metern ist das Bauwerk für diese Zeit vor den schweren Mörsern verblüffend stark und hat anschließend auch die Jahrhunderte unbeschädigt überstanden. Man genießt von diesem imposanten Turm einen Rundblick mit einer Sichtweite von fünfzig Kilometern.

Wenige Minuten weiter, nun aber wieder auf dem südlichen Flußufer, halten wir vor der für den winzigen Ort sehr großen Kirche von **Saint-Genou**, ein stiller, aber einladender Ort, dessen Postamt unter prachtvollen Baumkronen liegt. Den seltsamen Namen (»genou« = Knie) trug ein legendärer Heiliger aus dem 3. Jahrhundert, von Papst Sixtus III. (432–440) wegen seiner Missionstätigkeit in Gallien heiliggesprochen. Das Gotteshaus gehörte ursprünglich zu einer Abtei und stammt mit seinen ältesten Teilen aus dem 10. Jahrhundert. Der Chor zeigt reinen romanischen Stil, unter dem Hauptaltar findet sich ein Grabstein aus dem 11. Jahrhundert.

Während das Städtchen mit dem komplizierten Namen **Buzançais** wenig bietet, besitzt das große Dorf **Argy** ein faszinierendes Schloß. Von Saint-Genou aus fährt man durch das kleine Wäldchen von Chaume ein paar Kilometer nach Nordosten und stößt gleich am Ortseingang auf das Schloßtor, das sich in tiefstes Dunkel öffnet, ein erfrischendes Dunkel aus grünen Baumkronen und schwarzen Schatten, als wären diese uralten Parks heute die eigentliche Attraktion der Schlösser und Baumkronen wichtiger als Grafenkronen. Argy wurde im 15. und 16. Jahrhundert von einem Haushofmeister Ludwigs XII. errichtet. Er hieß Louis de Brillac, seine Frau war eine geborene de Balzac, die zum Unterschied von dem großen Romancier ihr »de« mit Recht trug. Ein Schlösserverein, wie es ihn auch in England und Deutschland gibt, hat das originelle Schloß restauriert und auch den imposanten Donjon mit seinen flankierenden Türmchen wieder aufgebaut. Zwei spielerische Galerien scheinen die galante Epoche der Valoisherrscher vorwegzunehmen.

In **Châteauroux** verläßt die Indre nach ziemlich allgemein akzeptierter Ansicht die Touraine, und die Stadt mit ihren 50 000 Einwohnern, aber dem Verkehrsgewirr einer Großstadt, hat auch tatsächlich trotz des Schlosses *Raoul* und der alten Abtei über dem Indreknie wenig von dem

Ländliche Idylle vor dem Hintergrund von Chenonceau (Aufnahme vom Beginn des Jahrhunderts).

stillen Tourainecharme des langen Flußtales. Das Schloß entstammt dem 15. Jahrhundert, aber die Fremden interessieren sich hier mehr für das *Napoleon-Museum,* das in einem sehenswerten Stadtpalais des 18. Jahrhunderts untergebracht ist (Hôtel Bertrand nach jenem General, der die Memoiren des großen Korsen auf Sankt Helena zu Papier brachte).

Im Tal des Cher

Je nach Anreiseweg und den Schwerpunkten, die man in einem Touraineurlaub setzen will, verläßt man die Autobahn Mulhouse – Dijon – Beaune – Auxerre – Paris, die ja viel weniger Abfahrten hat als die deutschen Autobahnen, entweder schon bei Avallon (mit der Möglichkeit, Vézelay zu besichtigen) oder bei Auxerre, spätestens aber bei Courtenay. In allen Fällen trifft man auf die obere Loire und, nachdem man sie überquert hat, auf das Flußsystem der Cher. Es ist von Bourges im Osten bis nach Chenonceaux an seinem Westende kaum minder besuchenswert als das Loiretal selbst.
Der Fluß Cher, von den Römern Cabris genannt, hält leider einem Vergleich mit der Loire nicht stand. Mit 350 Kilometer Länge nicht sonderlich bedeutend, kommt er aus der Auvergne, fließt bedächtig und mußte wegen seiner häufigen Hochwasserstände und der daraus sich ergebenden Verheerungen beizeiten gezähmt werden, so daß er in dem dicht besiedelten Tal nicht mehr so beherrschend in Erscheinung tritt wie die herrlich breite und wilde Loire in dem ihren. Wir folgen ihm von der Mündung bei Tours stromaufwärts, was uns vorbei an neuen Erholungsflächen an die Süduferstraße des Cher bringt. Das alte **Saint-Avertin,** von der Aquitaineautobahn überspannt, ist völlig im hektisch gewachsenen Tours aufgegangen, und der Schriftsteller Jules Romains (1885–1972), selbst ein Kind der Loire, hätte heute hier nicht mehr die Ruhe zu der imposanten Leistung seiner 27 Bände »Les Hommes de bonne Volonté«. (Der bemerkenswerte Romanzyklus setzt 1908 mit jenem Tag ein, da Österreich-Ungarn Bosnien-Herzegowina annektierte, und behandelt die ganze Epoche bis 1933.)

Von Tours flußaufwärts

In der Nähe von Tours ist der Flußlauf des Cher von kleinen Schlössern gekennzeichnet: Dem gallisch-römischen Kastell von **Larçay,** dem einsamen Donjon von **Azay-sur-Cher** und den sehenswerten Resten von *Saint-Jean-du-Grais,* eines Priorates aus dem 12. Jahrhundert, von dem sich ein schöner Kapitelsaal und der romanische Glockenturm erhalten haben (gleich nach Azay rechts ab in Richtung auf Cormery). Man passiert dabei das *Manoir de la Michelinière* aus dem 15. Jahrhundert, und auch die Schlösser am Cher selbst sind eher hübsche Manoirs als eindrucksvolle Bauten wie die des Loiretals: *Beauvais* im Renaissancestil, *Nitray* aus dem 16. Jahrhundert und *Leugny,* ein sehr stilreiner Bau von 1770, den der Architekt Portier für sich selbst errichtete. Der Vorgängerbau gehörte der Familie des Philosophen René Descartes (1596–1650).
Nördlich des Flusses liegt **Saint-Martin-le-Beau,** viel schöner aber ist das Städtchen **Bléré** auf dem Südufer mit seiner dreischiffigen, größtenteils romanischen Kirche. An der Place de la République erhebt sich eine Totenkapelle, denn hier lag früher der Friedhof des Ortes. Das kleine Gotteshaus im Renaissancestil trägt den für einen kirchlichen Bau ungewöhnlichen Schmuck dicker Kanonenkugeln zur Erinnerung an einen Artilleriezeugmeister König Franz I.
Bléré ist ein günstiger Ausgangspunkt für Besichtigungsfahrten, denn hier kreuzen sich die Straßen von Amboise und Clos-Lucé nach Süden, also nach Loches, mit dem Chertal. Eine weitere angenehme Waldstraße von Amboise her trifft bei **Civray** auf den Cher. Hier hatten sich, in einem 1715 von Louis Lhomme de la Pinsonnière erbauten Schloß, die Schriftsteller-Brüder Goncourt eingemietet. Edmond lebte von 1822 bis 1896, Jules von 1830 bis 1870. Ihr Tagebuch gilt als das bedeutendste Zeugnis seiner Art für das ganze Jahrhundert in Frankreich. Vor ihnen hatte schon der Romantiker François René de Chateaubriand (1768–1848) den Ort sehr geschätzt und oft besucht. Heute ist der Bau im Besitz des Marquis de Thoran.
Auch die Kirche des kleinen Civray ist bemerkenswert mit einem besonders schönen Chor in Anjoubauweise und Fenstern aus dem 13. Jahrhundert. Die ältesten Teile der Kirche stammen aus dem 11. Jahrhundert. Und dann endlich – sind wir in **Chenonceaux!**

Schloß Chenonceau

Das Schloß auf den alten Mühlenfundamenten mit seiner über den Cher gespannten Galerie hebt sich aus allen anderen heraus, und nicht selten kann man lesen, daß es überhaupt das berühmteste aller Loireschlösser sei, und das,

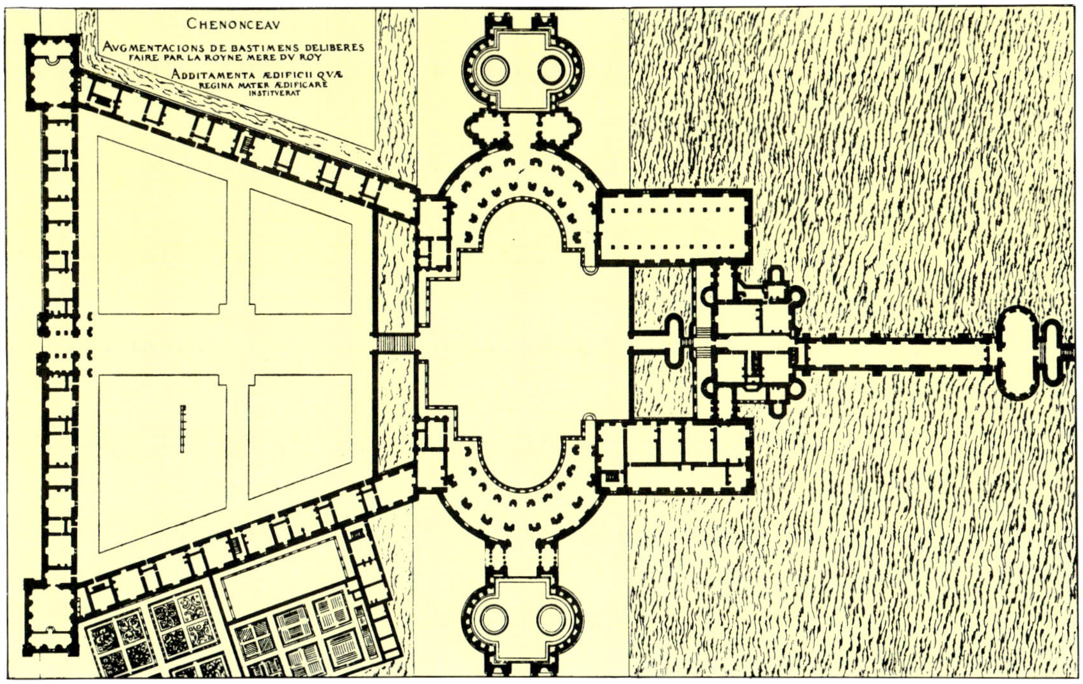

Der Grundriß von Chenonceau mit der geplanten Erweiterung durch Katharina von Medici.

obwohl es am Cher liegt. Seit es Luftaufnahmen gibt, seit Hubschrauber niedrig über den Wäldern und dem Fluß kreisen und das ganze einzigartige Ensemble in seinen natürlichen Farben festhalten können, ist dieser Siegeszug von Chenonceau, dessen Geschick zu allen Zeiten weitgehend in den Händen verschiedener Frauen lag, unaufhaltsam geworden. Weder Chambord noch Amboise, weder Chaumont noch Le Lude können da mithalten, und einzig das reizende Wasserschloß Azay-le-Rideau kann es, aus dem einen oder anderen Blickwinkel, mit der festlichen Schönheit und Originalität von Chenonceau aufnehmen.

Das Charakteristische an der glückhaften Harmonie zwischen Schloßbau und der Lage von Chenonceau liegt in der Fortsetzung des Baues in den Fluß hinein und über ihn hinweg – die Mauern werden so in die Flußlandschaft einbezogen. Oft liegt über dem langsam fließenden Fluß ein leichter Nebel, in dem die Sonnenstrahlen blitzend wie Nadeln stecken, ein Nebel, aus dem sich die Turm- und Giebelspitzen des Schlosses blinkend herausheben. Die blanken dunklen Dächer verschmelzen mit dem feuchten Grün der Baumkronen, und die kleine Buschinsel, die vor dem Schloß mitten im Cher liegt, wirkt dann wie ein fröhliches Bukett, das die Mauern schmücken soll.

Die beiden Renaissancegärten – wie auf großen, steinernen Flößen auf dem Flußgrund errichtet – sind die Fremdkörper, die einen herrlichen Bau hindern, mit seiner Umgebung eins zu werden. In ihrer kalten Unnatur machen sie nicht, wie andere Gärten, das Schloß leichter, sondern beschweren es, und da sie vom Schloß selbst auch erst nach dem Weg über zwei Brücken und einen gemauerten Ponton zu erreichen sind, verlieren sie ihren Sinn vollends, zumindest bei Tag. Abends und nachts, da werden sie wieder zu dem, was sie waren: zu den großen, grünen Salons für die Feste einer Gesellschaft, die in den Schlössern der Zeit kaum großzügig feiern konnte, weil die Jagdsitze über die entsprechenden Räumlichkeiten noch nicht verfügten.

Chenonceau bietet seine Räume von einem zentralen Vestibül aus dar; an das Logis schließt noch eine großzügige Galerie an, mit zwei langgestreckten, von beiden Seiten erhellten Sälen, der untere mit warmer Holzdecke, der darüber liegende vornehm-kühl. Das Ganze birgt soviel Neues und Eigenartiges, daß man es als das Werk eines vereinzelten Genies ansprechen möchte, aber die Baugeschichte macht es uns nicht ganz leicht, diesen Genius zu finden. Am Anfang, soviel steht fest, lag hier eine Wassermühle, in der es recht gemächlich zugegangen sein muß, falls der Cher im Mittelalter nicht schneller floß als heute. Diesen Mühlengrund besaßen seit 1243 die Herren von Marques, und erst 1513 entdeckte ein Pariser die Gunst dieser Lage, nämlich Thomas Bohier, Generalsteuereinnehmer des Königs für die Normandie. Mit erpreßten Bauerngroschen aus Isigny und Pont l'Evêque also wurde das erste Schloß gebaut, von 1515 an, ein etwa quadratischer Pavillon, dessen Fertigstellung Thomas Bohier nicht mehr erleben sollte: Er starb 1523 in Italien, wohin er seinen König begleitet hatte.

Seine Frau Catherine, geborene Briçonnet, entstammte dem Patriziat von Tours, konnte für das halbfertige Schloß aber nicht mehr sehr viel tun, weil ihr Gatte durch seinen frühen Tod keine Zeit mehr gefunden hatte, gewisse Unterschlagungen kunstvoll genug zu verheimlichen. Die Nachprüfung der Abrechnungen ergab, daß er 150 000 Taler an Steuern nicht an die Krone abgeführt hatte, und sein Sohn mußte darum noch von Glück sagen, daß der König nach einem Vergleich das ganze Verfahren niederschlug.

Franz I. liebte die Wälder am Cher, weil er ein großer Jäger war, und er liebte die Frauen, für deren Schönheit es nun einmal keinen festlicheren Rahmen gab als diese prächtigen Wasserschlösser in der weiten und damals noch stillen Touraine. Auf diese Weise mußte beinahe zwangsläufig Chenonceau in den Besitz jener Frau gelangen, die das ganze Jahrhundert mit dem Ruhm ihrer Schönheit und Eleganz erfüllte, in den der Diana von Poitiers. Neben der linkischen und in Frankreich noch nicht heimischen Königin Katharina aus dem italienischen Bankhaus der Medici blieb Diana, die Geliebte Heinrichs II., unabänderlich die erste Dame am Hof und machte die ganze Regierungszeit der Valoiskönige zu einer galanten Epoche (siehe Seite 13ff.). Und dies nicht nur, weil man ihr nachsagt, sie habe des öfteren bei Sonnenuntergang nackt im Cher gebadet.

Den Gedanken, das Schloß mit dem anderen Ufer des Flusses zu verbinden, hatte natürlich schon Bohier gehabt; darin lag ja der Reiz dieser Adelswohnungen, daß man auf der einen Seite das Dorf und die Nebengebäude hatte, auf der anderen aber das Jagdrevier. Wir besitzen auch Abbildungen, die uns diese Brücke vom ursprünglichen Pavillon, über den Cher hinweg, zeigen. Aber Diana von Poitiers blieb es vorbehalten, den Architekten Philibert Delorme zu einem Aufbau zu veranlassen, zu jenem Flügel

aus drei Geschossen nämlich, der nur zwei langgestreckte Prunkräume birgt und ein paar Mansarden, äußerlich aber den eigentlichen Reiz des Schlosses ausmacht.
1547 hatte Diana von Poitiers das Schloß als Geschenk erhalten, 1559 starb Heinrich II. nach jenem unglücklichen Duell, und noch ehe er verschieden war, schon unmittelbar nach dem Unfall, schrieb Katharina den Brief, in dem sie die schöne Rivalin aufforderte, Chenonceau zu räumen, das Juwel unter den Schlössern, um das alle anderen Damen Diana beneidet hatten und das in seiner grazilen Eleganz ein Damenschloß par excellence geworden war.
Das erotische Fluidum dieses Damenschlosses verfehlte seine Wirkung auch nicht auf den Autor der »Madame Bovary«; im Rahmen eines längeren Berichts beschäftigt Gustave Flaubert sich vor allem mit dem Liebesleben am Cher und schreibt: »Überall gibt es hier gute alte Bildnisse, die zu langem Verweilen einladen, weil man sich mit ihrer Hilfe die Zeit vergegenwärtigen kann, in der ihre Urbilder lebten und die Ballette getanzt wurden, in denen sich die Hüften all dieser rosig-schönen Damen drehten ... Solche Gedankengänge sind Versuchungen der Geschichte. Man möchte wissen, ob diese Leute geliebt haben wie wir, und welche Unterschiede es zwischen ihren Leidenschaften und den unseren gab. Man wünschte, daß ihre Lippen sich öffnen könnten, um uns die Geschichte ihrer Herzen zu erzählen – alles, was sie einst, selbst an Nichtigem, getan haben, und welches ihre Ängste waren und ihre Sehnsüchte. Dies zu erfahren ist ein träumerisches Verlangen, ist Verführung, wie man sie ähnlich angesichts der unbekannten Vergangenheit einer Geliebten empfindet ... Ein Supraporte zeigt ein Bildnis der schönen Gabrielle d'Estrées von vorn, nackt bis zum Gürtel, ein großes Perlenkollier von der gleichen, blonden Tönung wie ihre Haut liegt auf ihren Brüsten, ihre blonde, hochgesteckte und gekrauste Frisur gibt ihrem Gesicht den erstaunten Ausdruck koketter Naivität. Neben ihr ihre Schwester, von rückwärts gesehen, ebenfalls nackt, und zwar bis zu den Schenkeln: sie dreht ihr dunkles Gesicht neugierig dem Beschauer zu, während im Hintergrund eine Bäuerin in rotem Kopfputz mit weißem Umhang dem Herzog von Vendôme die Brust reicht, einem reizenden Wickelkind ... Wir haben auch ein gutes Bild von Madame Dupin von Nattier gesehen. Das Gesicht ist braun, aufgeweckt, kokett, die Nase aufgestülpt, der Blick schwarz und frei, der Ausdruck ehrlich, freundlich spitzbübisch, der eines wohl erzogenen Kindes ...«

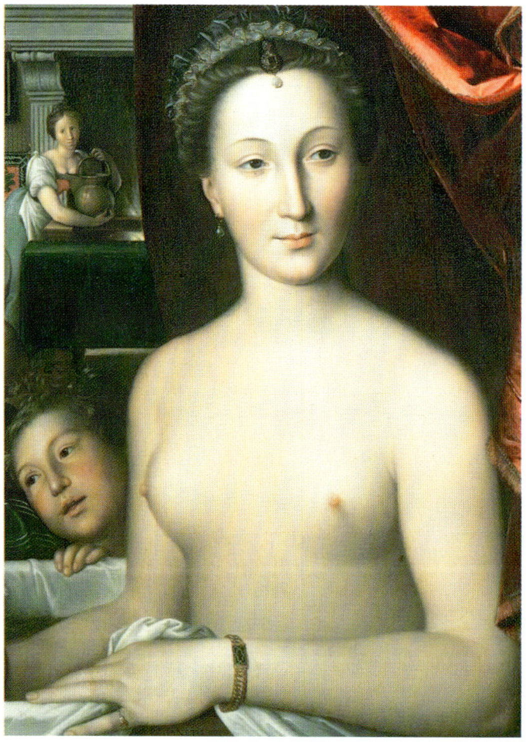

Diana von Poitiers in einem Milchbad.

Der Besuch von Chenonceau ist auch für den historisch nicht sonderlich unterrichteten Touristen ein überaus großes Vergnügen. Dieses beginnt schon in dem reizend-aufgelockerten Dorf mit seinen vielen luftigen Villen und zahlreichen kleinen Häusern, guten Gaststätten und netten Winkeln, weil es naturgemäß ganz im Zeichen des berühmten Schlosses steht und man sich in Chenonceaux eigentlich in einer Art Vorhof von Chenonceau befindet. Dorthin führt dann der Weg durch die mit Recht berühmte, von vielen Besuchern begeistert geschilderte und bei den Festen wirkungsvoll eingesetzte Platanenallee, die zugleich eine Distanz der Ruhe und Sammlung zwischen Schloß und Straße schafft. Die Allee ist besonders schön bei Dunkelheit, an den Abenden, an denen das »Son-et-Lumière«-Schauspiel aufgeführt wird. (Da dies im Sommer an nahezu allen Abenden der Fall ist, eignet sich Chenonceaux leider nicht als Sommerfrische: Die Lautsprecherstimmen verfolgen den Gast in die ersten Träume hinein, und die Autos der Besucher schaffen Unruhe bis weit nach Mitternacht.)

Im Inneren präsentiert sich Chenonceau als ein besonders gut und reichhaltig eingerichetes Schloß; die Fülle des Mobiliars und der Kunstwerke erdrückt beinahe die kleinen Räume des Kernschlosses der Bohier, und man wünschte bei manchem Bild, es in einer der langen, gut erhellten Galerien bewundern zu können.
Im Erdgeschoß fällt uns der Saal der Garden durch den Majolikabelag italienischer Herkunft auf; an den Wänden hängen Tapisserien aus dem 16. Jahrhundert; die Truhen sind einheimische Arbeiten aus Gotik und Renaissance. Vom Vestibül nach links öffnet sich das sogenannte Zimmer der Diana von Poitiers (obwohl sie natürlich nicht nur dieses Zimmer bewohnte, höchstens in ihm schlief). Die Tapisserien sind auch hier flämische Arbeiten aus dem 16. Jahrhundert, die »Madonna im Rosenhag« wird Bartolomé Murillo (1618–1682) zugeschrieben. Darauf folgt das *Cabinet vert* mit einem Samson von Jakob Jordaens (1593–1678) und einem Bild venezianischer Schule, das den Besuch der Königin von Saba bei König Salomon darstellt. In dem anstoßenden kleinen Raum, der auf den Fluß hinausgeht, hängen andere venezianische Gemälde und eine »Heilige Familie« des Andrea del Sarto (1486–1531). Die Eichendecke ist alt.
Im sogenannten Schlafzimmer Franz I. sind Möbel im Louis-XIII.-Stil mit solchen italienischer Herkunft zusammengestellt, in der Vitrine Briefe der schönen Damen, die hier weilten und die beweisen, daß Diana von Poitiers und Gabrielle d'Estrées trotz eigenwilliger Orthographie gute Briefschreiberinnen waren.
Hier hängen auch ein paar gute Bilder mit Beziehung zur Geschichte von Chenonceau, nämlich das berühmte Porträt der Diana von Poitiers, Herzogin von Valentinois, von Francesco Primaticcio (1504–1570), die drei galanten Baronessen de Nesle als Grazien von van Loo gemalt, und eine noch nicht identifizierte Dame mit Halskrause aus dem Hofstaat der Katharina von Medici von Michiel van Mierevelt (1567–1641). Der mönchisch-düstere Francisco de Zurbarán (1598–1664) setzte einen Archimedes in diese muntere Gesellschaft.
Im Großen Salon entstammt das Mobiliar der Epoche Ludwigs XIV. Hauptanziehungspunkt ist hier ein Werk von Peter Paul Rubens (1577–1640), »Jesus und hl. Johannes als Kinder«, aber auch Ludwig XIV., gemalt von Hyazinthe Rigaud (1659–1743), ist ein berühmtes Bild, das man eigentlich eher im Louvre zu finden denkt. Weiter hängen hier Samuel Bernard, der große

Bankier, von Pierre Mignard (1612–1695) gemalt, und das von Flaubert beschriebene Nattier-Portrait der Madame Dupin, gestorben 1797 und im Schloßpark begraben, als Dankesgeste für alles, was sie mit dem Geld ihres Gemahls für das Schloß getan hatte.
Man kennt die begreifliche Tendenz der Franzosen, die jeweiligen »Haut Lieus«, also die besonderen Sehenswürdigkeiten, mit Gaststätten zu garnieren, deren Qualität dazu angetan ist, die erzielte oder erwartete Hochstimmung zu halten: Saint Paul de Vence, Les Baux, Vézelay und viele andere Orte sind ohne solche Symbiosen gar nicht mehr vorstellbar, und auch das einst sehr schlichte Dorf Chenonceaux hat zu den seit Jahrzehnten etablierten und beliebten Hotelrestaurants *Bon Laboureur* und *Château* zwei Etablissements von vergleichbarem Luxus bei schlichterer Namensgebung hinzugewonnen, das *Ottoni* mit angenehmen Parkanlagen nahe dem Cher und das *Renardière,* zu deutsch Fuchsbau. Mittags sind alle Tafeln verwaist; die Prädominanz der Reisegesellschaften und ihre gedrängten Programme schließen ausgiebige Mahlzeiten am Tage aus. Abends jedoch wird man im *Bon Laboureur* an frühere Zeiten erinnert. Die jetzt luftigen und modernisierten Räume atmen zwar nicht mehr die Aura, wie sie die verschworenen Gemeinschaften der Wildbretesser hier suchten und fanden, dafür ist die Luft nun besser und der Service diskreter bei noch passabel zu nennenden Preisen und hervorragenden Weinen.

Montrichard

Ginge es an der Loire und am Cher nur um Schlösser, so könnte mancher Snob nach der Besichtigung von Chenonceau eigentlich heimfahren, denn nicht nur das Schloß selbst ist einzigartig, auch die »Ambiance«, in die man dort eintaucht, eine konstante Volksfeststimmung, zu der alles gehört, von den Frittenbuden bis zum Luxusrestaurant, von der feinen Besuchergruppe mit »Guide spécial« bis zu den Pfadfinderinnen aus Ulster. Darum gönnen die meisten Wanderer im Chertal den drei Rundtürmen von **Chissay** nur einen zerstreuten Blick und auch den berühmten Weinen von Saint-Georges-sur-Cher keine besondere Aufmerksamkeit. Erst der gut erhaltene Donjon von **Montrichard** und die alte Cherbrücke wecken die Aufmerksamkeit von neuem.
Das Städtchen ist angenehm und als Standquartier für Touraineausflüge sehr beliebt: Klein genug, um flinke Ausfahrt und Heimkehr zu gestatten, groß genug für die nötigen Einkäufe und eine erholsame Abendpromenade. Von den zwei größeren Hotels ist *La Tête Noire* seit Jahrzehnten durch seine Küche berühmt, weswegen die Konkurrenz nur Gäste mit Halbpension aufnimmt, sie hätte sonst leere Speisesäle. Der nachts angestrahlte Donjon geht auf Fulco Nerra zurück, wurde aber von Hugo I. von Amboise im 12. Jahrhundert erneuert. Zwanzig Jahre lang war der von der Dubarry verjagte Herzog von Choiseul Besitzer des damals noch recht ansehnlichen Schlosses. Ein reizvolles Detail aus dem alten Montrichard ist die Brücke mit dem winzigen Steinbau des einstigen Fährhauses; es birgt heute ein florierendes Grillrestaurant.
Beinahe berühmter als Montrichard (von den Einheimischen angeblich Monte-Richard gesprochen, was mir nie auffiel) ist der Vorort **Nanteuil**, nicht nur wegen seiner sehr schönen Kirche aus dem 13. und 15. Jahrhundert, sondern wegen einer wundertätigen Quelle, die der heilige Martin (wer sonst?) schon im 4. Jahrhundert gesegnet haben soll. Diese Heiligkeit des Ortes gewann Bedeutung, als zu Beginn des 14. Jahrhunderts der große Prozeß gegen die Tempelritter begann, die ja bis heute mit schwarzer Magie und anderen geheimen Lastern in Verbindung gebracht werden. Auf der Suche nach einer Festung, wo man die Obersten dieses reichen Ordens der Hilfe der Hölle entziehen könnte, kam der König auf Montrichard, und so ließen denn der Großmeister des Templerordens Jacques de Molay und seine Gefährten die bis heute vielbestaunten Sgraffiti an den Mauern des Festungsturmes zurück. Tatsächlich vermochte der Böse ihnen hier nicht zu helfen, es kam zu den bekannten Prozessen und zur grausamen Hinrichtung: 1310 ließ König Philipp nicht weniger als 54 Ritter aus den ersten Geschlechtern Frankreichs verbrennen! Das ungeheure Vermögen des Ordens wurde eingezogen, und 1314 starb auch de Molay. Die Touraine war mit Montrichard, Tours und Chinon ein Hauptschauplatz des königlichen Vorgehens gegen die Templer, bei dem Papst Clemens V. keine sehr rühmliche Rolle spielte. Alle Geständnisse der Ritter waren unter Folter erpreßt, die Hauptursache der Verfolgungen war der im Orienthandel erworbene Reichtum der Templer.

Heinrich II. d'Albret, König von Navarra.

Beinahe ein Vorort von Montrichard ist das in einer grünen Mulde südlich der neuen Schnellstraße liegende **Faverolles.** Meist wird es auf dem Weg von Montrichard nach Loches nur passiert, aber es verdient eine kurze Rast in Erinnerung an die Saint-Gilles-Pilgerschaft, die seit dem Mittelalter vor allem zwischen dem 1. und 8. September viele Menschen hierher bringt. Der Besuch der früheren Abtei zum lebendigen Wasser (»Aigues vives«) versprach, Kinder von Ängsten zu heilen und jene Unglücklichen zu beruhigen, die vom Veitstanz befallen waren, einer bis in die frühe Neuzeit anzutreffenden epileptischen Krankheit. Die Kirche aus dem 12. Jahrhundert ist heute eine eindrucksvolle Ruine.
Zur Linken, also ein paar Kilometer vom Nordufer des Flusses, liegt Schloß *Gué-Péan,* wo man Pferde mieten und sich von dem jugendlichen Führer auf Rundgängen versichern lassen kann, die Pompadour sei eine Geliebte des Sonnenkönigs gewesen. Es lohnt mehr, sich mit dem reichen Mobiliar und der Bibliothek zu beschäftigen, die einige ihrer Schätze in Vitrinen preisgibt. Das Schloß ist eine der wenigen französischen Adelswohnungen, die Königin Maria von England (die Blutige, 1516–1558) mit ihrem Besuch beehrt hat.
Ein Kuriosum ist das Dorf **Thésée**, so nicht nach Theseus benannt, sondern nach dem gallisch-römischen Tasciaca, dessen ausgedehnte Ruinen-

Das malerisch am Cher gelegene Saint-Aignan wird von Wäldern und Weinbergen umgeben. Hier finden sich Fachwerkhäuser aus dem 15. und 16. Jahrhundert (Foto um 1920).

landschaft der in den sechziger und siebziger Jahren sehr erfolgreiche Romancier Maurice Druon erworben und seither gepflegt hat. Seine Zyklen »Les Grandes Familles« oder auch »Les Rois maudits« wurden als Verfilmungen auch dem deutschen Fernsehpublikum bekannt.

Von Saint-Aignan nach Osten

Der erste größere Ort nach Montrichard ist das zu Füßen seines stolzen Schlosses liegende **Saint-Aignan.** Die Ortsbewohner hängen bis heute an allem, was ihnen vom Schloß zukommt und fühlen sich gerne als herrschaftliche Untertanen. Hier muß man sich damit zufrieden geben, das Renaissanceschloß von außen zu betrachten. Sehr sehenswert ist die Kirche aus dem 12. Jahrundert, vor allem wegen ihrer Krypta mit mittelalterlichen Wandmalereien.

Seit den Restaurierungs- und Umbauarbeiten des vorigen Jahrhunderts besser bekannt, haben die Fresken, aber auch die Kirche selbst, die Forschung anhaltend beschäftigt. Es stellte sich heraus, daß die Kollegiatskirche auf dem Platz eines sehr alten und einfachen Bethauses steht, das die Mönche von Saint-Martin-de-Tours zu Ehren des Bischofs Saint Aignan von Orléans errichtet hatten. In den Jahrhunderten der Normannengefahr wurde die romanische Kirche als befestigte Zuflucht ausgebaut, was wegen späterer Veränderungen heute nicht mehr so deutlich zu erkennen ist. Intakt blieb hingegen die Krypta mit einem Zyklus über das Leben des Lazarus und einem zweiten, besser erhaltenen, über Saint Gilles. Im übrigen zeigen die Fresken auch das damals vorherrschende Thema der Krankheiten und deren Heilung durch die Kraft des Glaubens. Die Mittelkapelle gilt als eines der herausragenden Beispiele französischer Romanik.

Zwischen dem Manoir de Beauregard im Norden und dem Cher erstreckt sich unweit Saint-Aignan ein Erholungsgelände mit großen Wasserflächen, viel Wald und einigen Campingplätzen. Selbst Fahrradwanderer kommen hier auf ihre Kosten mit dem an einem hübschen Bach gelegenen Manoir aus dem 15. Jahrhundert, dem Schloß von **Chémery**, der Kirche von **Méhers** mit einem Schiff aus dem 11. Jahrhundert und dem Versorgungszentrum **Selles-sur-Cher.**

Das »cella« in Selles bezieht sich auf den Eremiten Sankt Eusizius, der in einem frühen kleinen Kloster im Jahre 542 starb. Die Kirche aus dem 12. Jahrhundert wurde später wiederholt erheblich umgestaltet, hat sich aber die romanische Fassade und den Mittelturm aus jener Zeit erhalten. Das Schloß gehörte dem Bruder des großen Ministers Sully und ist auf reizvolle Weise völlig von Wasser umgeben. Man zeigt unter anderen ein Zimmer der Königin von Polen, Frau von Johann III. Sobieski (1624–1696). Das Schloß befindet sich heute in Privatbesitz.

Diese Marie-Casimire (1641–1716) aus dem Hause Nevers ist eine der farbigsten Erscheinungen unter den Frauen des Loiretales. Sie kam schon als Vierjährige mit einer Verwandten nach Polen, erregte dort bald durch Geist und Schönheit Aufsehen und verdrehte, als sie mit 24 Jahren zum erstenmal Witwe geworden war, dem wilden Johann Sobieski, bis heute als Befreier von Wien geltend, so vollkommen den Kopf, daß dieser auf den Schlachtfeldern so tapfere Mann zum Pantoffelhelden wurde. Bizarr, aber unterhaltsam, verblüffte sie die Hofgesellschaft des Sonnenkönigs bis ins hohe Alter und starb schließlich in Blois.

Selles liegt etwa auf halbem Wege zwischen zwei vergleichsweise wenig besuchten Schlössern, die ihren idyllischen Frieden der Distanz zu den Hauptverkehrswegen verdanken. *Château du Moulin,* im grünsten Teil der Sologne, gehörte einer Reihe von »simples gentilhommes«, also schlichten Edelleuten, ein Wort, das sich nur ein König gestatten kann. Es war Karl VIII., den 1495 Philippe du Moulin mit seinem Schild deckte und rettete. Bis vor hundert Jahren im Besitz dieser Familie, ist das Schloß auch heute noch gepflegt und gut anzusehen mit seinen farbigen Ziegeln und schweren Balkendecken in den Räumen. Gewaltige Kamine und ein Mobiliar vor allem aus der Louis-XIII.-Epoche machen Moulin zum Einzelgänger inmitten der oft spielerischen Eleganz der Loireschlösser.

Südlich des Cher, an der D 956, liegt **Valençay,** auf den ersten Blick ein prunkvolles Badehotel der Belle Epoque, tatsächlich aber ein Ort der Geschichte und der Galanterien wie wenige andere hier im Berry. Napoleon wünschte für seinen Außenminister ein Schloß von unbestreitbarem Glanz als Ort der Begegnungen mit Fürsten und Gesandten, die zu jener Zeit nicht am Tag nach den Besprechungen bereits wieder abreisten. Man bewegte sich langsam fort und blieb lange, und am längsten blieben in Valençay, dem Nobelbau rund um die Türme aus dem 16. Jahrhundert, jene Gäste, denen man eine Abreise nicht gestattete, wie den spanischen Bourbonen unter König Ferdinand VII. (1784–1833). Sie wurden hier von 1808 an fünf Jahre festgehalten, während ihre tapferen Untertanen die Niederlagen des großen Napoleon vorbereiteten. Später wurde Valençay Lieblingsaufenthalt des Herzogs von Talleyrand (1754–1838)

selbst, der nach weniger bedeutenden Amouren hier mit seiner schönen und geistvollen Nichte, der Herzogin von Dino, lebte; ihr Sohn, ein Herzog von Valençay, erbte den Besitz.
Das Schloß spiegelt Napoleons Grundsatz, daß alles, worauf er Einfluß oder wofür er Verwendung hatte, immer in allerbestem Zustand sein mußte. Räume und Mobiliar strahlen eine zeitlose Eleganz aus und waren durch kriegerische Ereignisse auch nie gefährdet; nur daß König Ferdinand VII. von Spanien, eines der schönsten Beispiele allerhöchster Degeneration, in allen Räumen Wolfsfallen aufstellte und Bewässerungssysteme für die Zimmerpflanzen konstruierte, das gefährdete fünf Jahre lang Böden, Tapisserien und Mobiliar. Als eines Tages George Sand mit ihrer Schar von Verehrern Valençay besuchte, sprach nur sie: Die Herren waren vom Schloß und der wortgewandten Herzogin von Dino so eingeschüchtert, daß sie den Mund nicht auftaten. Balzac erging es übrigens nicht besser: Seine Manieren hatten der Herzogin mißfallen. In einem Nebengebäude des Schlosses aus dem späten 18. Jahrhundert gibt es ein *Talleyrand-Museum*, in dem Exponate aus dem Leben des großen Staatsmannes zu sehen sind.

Bei Selles mündet die Sauldre in den Cher, mit der Petite Sauldre sind die beiden Gewässer die Hauptflüsse der Sologne, die sie durchqueren. Das Dreieck, das die beiden Flüsse östlich von Selles begrenzen, ist altes Siedlungsgebiet und hatte sein Zentrum im römischen Carobriva, heute **Gièvres.** Kaum jünger ist **Chabris** am linken Cherufer mit seiner kuriosen karolingischen Kirche, die beinahe mehr Astrologie als Glaubensinsignien birgt. In ihrer uralten Krypta wurde dem kaum bekannten Heiligen Phalier eine Holzstatue unbekannten Alters gewidmet. (Wir nennen ihn Pharetrius, er starb im 7. Jahrhundert in Chabris.)

Romorantin-Lanthenay

Mangels anderer Überlandstraßen ist der Verkehr auf der Cher-Ufermagistrale außerordentlich dicht und reich an Stockungen, das ist die eine der wenig begrüßenswerten Veränderungen in diesem Tal der Schlösser; die andere ist die Bauexplosion in und um **Romorantin-Lanthenay**, einer Doppelstadt mit interessanter Vergangenheit, der jedoch die bis heute verblüffend niedrigen Baulandpreise in der Touraine-Berry-Region zum Verhängnis geworden sind. Die Stadt hat in diesem Jahrhundert, in dem die Landstädte Frankreichs im allgemeinen geschrumpft sind, ihre Einwohnerzahl beinahe verdreifacht, und das, obwohl sie nun nicht mehr die Hauptstadt der Sologne ist und nur noch ein kleines Museum mit Fundstücken und Informationen zu dieser historischen Landschaft besitzt (im Rathaus, das in einem angenehmen kleinen Park liegt).

Franz I., der Bauherr von Chambord.

Romorantin ist die Stadt, in der Franz I. aufwuchs, der Monarch, der wohl der bedeutendste Gestalter der heute so eindrucksvollen Adelslandschaft Touraine war. Auch seine spätere Frau wurde hier erzogen, und jene Verletzung, die ihn zeitlebens nötigte, einen kaschierenden Bart zu tragen, zog er sich auch in Romorantin zu, als ihn am 6. Juni 1521 aus den Fenstern des noch existierenden Hôtel Saint-Pol ein glühendes Holzscheit traf. Der König hatte mit Romorantin viel vor. Er beauftragte Leonardo da Vinci mit der Ausarbeitung von Plänen für ein besonders prächtiges Schloß (das nie gebaut wurde) und für die Schiffbarmachung der Sauldre. Zum Ende des vorigen Jahrhunderts kam Romorantin noch einmal ins Gespräch, weil hier ein junges Bauernpaar, im tiefsten Aberglauben befangen, die Mutter bzw. Schwiegermutter, tatsächlich eine Megäre, wie eine Hexe verbrannte und ohne jedes Unrechtsbewußtsein danach zum Pfarrer ging. Beide wurden hingerichtet, und Emile Zola (1840–1902) verarbeitete den aufsehenerregenden Kriminalfall in seinem Roman »La Terre«, in dem er die Handlung in die Beauce verlegt, und der zwei Jahre nach den Geschehnissen erschien.
Obwohl jenes junge Bauernehepaar im Herzen von Romorantin, auf der Place d'Armes, guillotiniert wurde, ist der düstere Vorgang heute vergessen, und die kleine Stadt sonnt sich im Ruhm jenes Edikts, durch das 1560 die Inquisition in Frankreich verboten und den Protestanten eine gewisse Schonung garantiert wurde. Es trägt die Unterschrift von Franz II., dem noch im selben Jahr sechzehnjährig verstorbenen Gemahl der Maria Stuart, ist aber auf den Einfluß des Kanzlers Michel de L'Hôpital zurückzuführen.
Der Altstadtkern von Romorantin ist reizvoll, weil die Sauldre hier Inseln bildet und mit ihren Brückensystemen beinahe an Straßburg erinnert. Es gibt darum hier auch an einem Sauldre-Nebenarm eine alte und sehr malerische Häuserzeile, Rue de Venise genannt. Vom *Grand Pont* hat man den besten Blick auf dieses besondere Stadtbild, und wandert man von der Brücke auf der Hauptader weiter nach Nordwesten, so findet man sich bald (69, Rue Clemenceau) vor dem führenden Hotel der Stadt mit der besten Küche, trotz der zentralen Lage durch einen sehr hübschen Patio eine angenehme Wohnstatt.

Der Ausflugsbereich der Touraineurlauber endet im allgemeinen in **Villefranche-sur-Cher** und der entzückenden Miniaturstadt **Mennetou,** die sich Mauern, Türmchen, Wehrgänge und alte Häuser in einem Maße bewahrt hat, als sei sie ein Freilichtmuseum. Da aber die neue Autobahn von Beaune nach Paris sich als Heimfahrtroute immer stärker durchsetzt, sind **Vierzon** und **Bourges** zu Etappen avanciert, von denen vor allem Bourges viel zu bieten hat. Die schönere Rückfahrtroute allerdings windet sich aus Vierzon hinaus über **La Chapelle-d'Angillon** (D 926) und weiter, jenseits der Loire, über **Saint-Amand-en-Puisaye** nach **Auxerre.** Man fährt durch weite Waldgebiete, durch Laubwald, der seine Kronen kilometerlang über der kaum belebten Straße verbindet. Die Strecke über Bourges ist vor allem angezeigt, wenn man die Kathedrale noch nicht kennt. Man erreicht dann die Schnellstraße über Vézelay und Avallon.

Register

Kursive Ziffern verweisen auf Abbildungen.

Personenregister

Orts- und Sachregister

Bildnachweis:

Bildarchiv Verlag C. J. Bucher, München: Seite 122 rechts, 123, 124, 125 rechts, 126, 127, 128, 129, 130, 132, 133, 136, 137, 140.
Bildarchiv Preußischer Kulturbesitz, Berlin: Seite 139.
Archiv für Kunst und Geschichte, Berlin: Seite 134, 135, 138, 141.
Bildarchiv Foto Marburg: Seite 122 links, 125 links, 130.
Die Karte auf Seite 120 zeichnete Astrid Fischer-Leitl, München.

Herstellung: Kristina Kaiser
Lektorat: G. Sona Hähnel, Barbara Zander
Reproduktionen: Quadro EBV, Heidelberg
Satz: OK Satz GmbH, Unterschleißheim
Druck und Bindung: Mohndruck, Gütersloh

2. Auflage 1994

ISBN 3-517-01348-X